FELIX Neu

Lesen 3

C.C. Buchner

FELIX-Forum

Herausgegeben von
Clement Utz und Andrea Kammerer

Lesen 3 wurde erarbeitet von
Michael Lobe.

Über weiteres fakultatives Begleitmaterial zu FELIX NEU informiert Sie
C.C. Buchners Verlag · Postfach 1269 · D 96003 Bamberg.

1. Aufl. 1 $^{3\ 2\ 1}$ 2016 14 12
Die letzte Zahl bedeutet das Jahr dieses Drucks.
Alle Drucke dieser Auflage sind, weil untereinander unverändert, nebeneinander benutzbar.

Dieses Werk folgt der reformierten Rechtschreibung und Zeichensetzung. Ausnahmen bilden Texte, bei denen künstlerische, philologische oder lizenzrechtliche Gründe einer Änderung entgegenstehen.

www.ccbuchner.de

Lektorat: Barbara Szlagor
Layout und Satz: i.motion gmbh, Bamberg
Druck und Bindung: creo Druck & Medienservice GmbH, Bamberg

C.C. Buchner ISBN 978-3-7661-**7579**-3

Lieber Schüler, liebe Schülerin,

weißt du, was eine Sisyphusarbeit ist? Oder was man unter Tantalusqualen versteht? Oder was es bedeutet, wenn jemand wie mit Argusaugen schaut? All das sind Wendungen, die unsere Sprache aus der Welt der griechischen Sagen übernommen hat – einer geheimnisvollen, spannenden, auch bisweilen unheimlichen Welt, die die Menschen aller Zeiten fasziniert und bis heute zu eigenen Werken inspiriert hat: Es gibt viele Opern, Theaterstücke und Filme, die den griechischen Mythos wiederaufleben lassen.

Lass auch du dich in diese abwechslungsreiche und fesselnde Welt entführen und erlebe zusammen mit den Helden die Kämpfe gegen sagenumwobene Ungeheuer, erfahre von den oft blutigen Streitigkeiten der Götter untereinander oder mit Menschen, von großen Katastrophen, aber auch von rührenden und tragischen Liebesgeschichten.

Außerdem lernst du einen der bedeutendsten Bildungsschätze Europas kennen. Dazu tragen auch die zahlreichen Abbildungen bei, die dir zeigen, wie sehr die Welt der griechischen Sagen berühmte Künstler vieler Jahrhunderte zu prächtigen Kunstwerken angeregt hat.

Dieses Bändchen besteht aus 21 Kapiteln, die in Wortschatz und Grammatik genau der Reihenfolge deines Lateinbuchs *Felix neu* folgen. Wenn du die erste Geschichte liest, sind in ihr also der Wortschatz und die Grammatik der Lektion 50 vorausgesetzt – und so weiter. Jede weitere Fortsetzung übt den Wortschatz und Grammatikstoff der entsprechenden Lehrbuchlektion ein, sodass du eine gute und vor allem unterhaltsame Zusatzmöglichkeit zum Üben hast. Zur Überprüfung deines Könnens ist dem Bändchen eine herausnehmbare deutsche Übersetzung beigegeben. Diese solltest du aber erst dann benutzen, wenn du das entsprechende Kapitel tatsächlich gelesen hast.

Vielleicht noch ein Wort zu den Verwendungsmöglichkeiten dieses Bändchens: Du kannst es in der Klasse lesen, es als unterrichtsbegleitende Übungsmöglichkeit zu Hause nutzen oder es nach den Sommerferien in einem Zug zur Wiederholung des gesamten Lateinstoffes durchlesen. So startest du topfit in die nächste Klasse.

Viel Spaß beim Lesen und Lernen!

Inhalt

50 Io und Argus

G Konjunktiv Präsens – Konjunktiv in Gliedsätzen

Tamen Iuno dolum Iovis perspexit. Sed cavebat, ne Iuppiter cognosceret se dolum perspexisse. Itaque eum interrogavit: „Quis hanc bovem pulchram possidet? Unde bos tam pulchra venit?" Tum Iuppiter fabulam fingens praedicavit: „Hoc tibi libenter explicabo: Bovem in ea regione inveni. Estne pulchra?" Iuno: „Certe, marite. Itaque te oro, immo postulo, ut mihi hoc animal pulchrum dones." Iuppiter, ne suspicionem uxoris moveret, ei bovem tradidit.

Iuno bovem statim ad custodem, cui nomen Argus erat, duxit. Is erat custos optimus, cum centum oculos haberet. Iuno: „Opto, Arge, ut hanc bovem tecum abducas. Cave, ne fugere possit! Cave, ne quis eam rapiat! Cave, ne maritus meus eam liberet. Vide, ut bos in vinculis perpetuis sit!"

Diu Io[1] in potestate Argi erat. Iterum atque iterum imaginem suam in aqua pura spectabat, semper imagine perterrebatur: Tristis oculos avertit, quia bos esse noluit.

Cum iam de salute desperavisset, forte quondam patrem aspexit et statim ad eum cucurrit. Is filiam in bovem mutatam non cognovit, sed animal pulchrum manu tetigit. Quamquam Io aliquid dicere temptavit, vox barbara tantum audita est. Cum sentiret patrem verba sua non intellegere, litteras[2] pede in arena scripsit – statim pater fortunam tristem filiae perspexit. Sed iam Argus custos adfuit et Ionem[1] rapuit.

Cum Iuppiter has res adversas animadverteret, Mercurium arcessivit eique haec mandavit: „Stude, ut captivam infelicem e manibus Argi liberes!"

Paulo post Mercurius Argum convenit. Longam fabulam narrans effecit, ut is somno opprimeretur. Tum nuntius deorum Argum gladio occidit.

---

[1] **Īō, ōnis** *f*: *Tochter des Königs Inachos von Argos, Geliebte des Iuppiter* – [2] **littera, ae** *hier: Buchstabe*

Io, Merkur und Argus, Französische Buchmalerei. 16. Jh.
Paris, Bibliothèque de l'Arsenal.

Sed finis laborum nondum adfuit. Iuno enim bovem miseram per totum orbem terrarum agitavit, dum ea ad ripam[1] Nili fatigata[2] cecidit. Voce paene fracta haec dixit: „Dei boni, date finem dolorum! Oro vos, ut mihi detis eam formam[3], quae quondam mihi fuit!" Hac voce misera etiam Iuno dura ad misericordiam commota est. Et ecce: Bos infelix statim in puellam conversa est.

[1] rīpa, ae *Ufer* – [2] fatīgātus, a, um *erschöpft* – [3] fōrma, ae *Gestalt, Form*

51 Apollo und Daphne

G Konjunktiv Perfekt – Konjunktiv in Gliedsätzen und indirekten Fragesätzen

Einmal geriet der kleine Liebesgott Amor mit dem mächtigen Apollo in Streit darüber, wer der Mächtigere von beiden sei ...

Apollo: „Cur hunc arcum[1] umeris geris, Amor? Haec arma mihi, deo potenti, idonea sunt, non tibi. Nonne tibi notum est, quanta vi serpentem interfecerim? Nonne scis, quot hostes telis meis superaverim? Proinde depone superbiam! Concede gloriam mihi! Ego enim dux potens sum, non tu, puer!"

Amor parvus primo tacuit, tum respondit: „Quamquam iam multos telis tuis superavisti, mea tela te mox superabunt!" Dum Apollo ridere incipit, Amor ad summum montem volavit et ex eo loco duo tela misit: Alio telo Apollo deus ingenti desiderio[2] amoris affectus est, alio telo effectum est, ut Daphne nullius viri amore moveretur.

Quamvis pater ab ea saepe postulavisset, ut nepotes sibi donaret, illa semper dixit: „Sine me modum vitae deligere, pater! Concede mihi exemplo Dianae deae vitam liberam agere. Nulli viro nubere volo. Nam scis, quam felicem vitam sponte mea adhuc egerim!"

Quondam Apollo deus Daphnem aspexit statimque gravi amore incensus est. Ad eam accedens dulci voce dixit: „Mane, puella pulchra, et audi verba mea! Cur me fugis? Cur spatium inter nos cursu celeri auges? Te reprehendo, cum iterum atque iterum fugias. Nonne sentis, quanto amore affectus sim? Adiunge me tibi amicum!"

Sed frustra Apollo puellam duram oravit. Daphne deum effugere perrexit. Quantopere[3] illa optavit, ut latere posset! At Apollo a precibus non destitit: „Audi, puella, ut scias, quem fugis! Neque servus neque vir rusticus sum. Pater meus Iuppiter ipse, dux deorum et hominum, est. Ego res futuras non ignoro, ego hominibus artes et carmina dedi, ego virtute singulari sum: Quis tanta vi tela mittere potest quanta ego? Nonne scis, quotiens hominibus auxilio venerim? Nonne tibi notum est, quotiens ii mihi gratias egerint? At mihi ipsi adesse non possum: Acerbo amore vexor. Mane ergo, quaeso!"

---

[1] arcus, ūs *m* *Bogen* – [2] dēsīderium, ī *Sehnsucht, Verlangen* – [3] quantopere *wie sehr?*

Sed deo non contigit virginem comprehendere et retinere, quamquam saepe temptavit.

Paulo post autem Daphne fatigata[1] currere non iam potuit. Manus ad caelum tetendit dicens: „Adeste, dei, et me in lauream[2] convertite, ne ab Apolline capiar!“ Et ecce! Protinus puella sensit manus in ramos[3], pedes in radices[4] mutari.

Apollo non iam puellam, sed arborem pulchram tetigit. Tristi voce deus potens dixit: „Haud mihi contigit te uxorem ducere. Tamen te non deseram: Opto, ut caput meum semper laurea ornetur.“

Gian Lorenzo Bernini: Apollo und Daphne. 17. Jh. Rom, Galleria Borghese.

[1] fatīgātus, a, um *erschöpft* – [2] laurea, ae *Lorbeer(baum)* – [3] rāmus, ī *Ast, Zweig* – [4] rādīx, īcis *f* *Wurzel*

52 Phaëthon

G Demonstrativpronomen *iste* – Interrogativpronomen – Wort-, Satz- und Wahlfragen

In seiner Heimat ging das Gerücht um, der Jüngling Phaëthon sei ein Sohn des Sonnengottes Helios. Da seine Mutter aber eine Menschenfrau war, glaubten andere ihm die göttliche Abkunft nicht, was den jungen Mann sehr kränkte. Um Klarheit und Beweise für seine hohe Abstammung zu schaffen, macht Phaëthon sich auf den Weg zum Palast des Sonnengottes …

Iuvenis cum altum tectum Solis[1] intravisset, primo non credidit, quod vidit: Lecti, mensae, tabulae ex auro fictae erant. Sol divus in solio[2] aureo sedebat. Magna voce ex adulescente quaesivit: „Quae causa te huc adduxit, fili? Quid in tecto patris petis, Phaethon?" Is respondit: „O pater, o lux clara orbis terrarum, inopia coactus ad te venio." – „Dic, quid velis!" – „Semper homines improbi haec de me narrant: ‚Estne iste iuvenis filius dei an id falso dicit?' Da mihi, quaeso, signum, quo istis dignitatem meam ostendere possum!"

Tum Sol surrexit filiumque manibus tetigit: „Semper hominibus dicam te filium meum esse. Sed ne ipse hoc dubites, opta tibi, quid vis!"

Vix pater finem orationis fecerat, cum filius dixit: „Permitte mihi, pater, aureas quadrigas[3] tuas et equos alis ornatos regere!" Sol his verbis perturbatus respondit: „O infelix iuvenis, nonne scis quam difficile sit hunc currum[4] aureum et equos regere? Cur laborem tam gravem desideras? Utrum cum ratione agis an mentem amisisti? Ne Iuppiter quidem, qui cunctis deis imperat, hoc officium praestare potest. Ego solus currum aureum per vias caeli regere possum. O Phaethon, crede mihi: Ego ipse ingenti timore afficior, cum in curru stans ex alto caelo mare terrasque aspicio. Quo modo equos fortes retinere vis? Vix mihi ista animalia fera parent!"

Phaethon autem consilium non dimisit. Sol vultu aspero dixit: „Haud honorem, sed perniciem tibi optas. Quare depone istud consilium stultum! Utrum vivere an de vita decedere vis? Qui furor[5] te agitat? Si mihi parueris, tibi omnia dabo, quae desiderabis."

Sed adulescens verbis patris parere noluit. Tum pater intellexit se animum filii flectere non posse.

---

[1] **Sōl, Sōlis** *m Sol (griech. Helios), Sonnengott (Vater des Phaëthon)* – [2] **solium, ī** *Thron* – [3] **quadrīgae, ārum** *f Pl. Viergespann* – [4] **currus, ūs** *m Wagen* – [5] **furor, ōris** *m Wahnsinn*

Itaque eum ad currum[1] aureum duxit et his verbis monuit: „Moneo te, ne viam mediam deseras. Neque caelum neque terra aestum solis sustinere possunt. Itaque tene medium cursum!"

Sed Phaethon currum iam ascenderat equosque properare iusserat. Statim equi acres currum magna cum vi per caelum traxerunt. Primo iuvenis laetus gaudebat, tunc autem ingenti metu affectus est. Quia frena[2] omnino tenere non iam potuit, equi medium cursum reliquerunt et modo huc, modo illuc cucurrerunt. Tum aestu solis omnia ardebant, undique flammae orbem terrarum delebant. Tunc etiam Phaethon a flammis correptus est et de alto caelo in terram cecidit. Sol pater tristi vultu mortem filii aspexit.

Sebastiano Ricci: Der Sturz des Phaëthon. 1704. Belluno, Museo Civico.

[1] currus, ūs *m* *Wagen* – [2] frēnum, ī *Zügel*

53 Zeus und Europa

G Adverb – Prohibitiv

Europa war die Tochter des phönizischen Königs Agenor. Eines Tages spielte das hübsche Mädchen mit seinen Freundinnen am Strand ...

Amicae longe lateque in litore erraverunt, se aqua sparserunt, carmina cecinerunt.

Cum Iuppiter ex alto caelo Europam pulchram inter comites suas ludentem videret, amore vehementer commotus est. Virginem rapere statuit.

Ergo celeriter Mercurium arcessivit eique dixit: „Descende de caelo et pete regnum Agenoris! Ibi videbis pecora, quae ad litus agitabis.“ Quamquam nuntius deorum causam huius imperii non perspexit, pie officium praestitit. Summus deus interea se in taurum praeclarum convertit. Mercurius non animadvertit hunc taurum[1] paulo post media inter ea pecora esse, quae ad litus ducebat. Iuppiter in taurum mutatus Europam amicis circumventam conspexit.

Quia virginem vehementer appetebat, ad eam accessit. Primo puella pulchra paulum timebat, tum autem animal manu dextra tangebat: „Numquam taurum tam pulchrum vidi!“ Iam pleraeque comites aderant taurumque tangebant. Una ex amicis dixit: „Ecce, Europa! Magnus taurus suppliciter in terra iacet. Puto taurum te portare velle. Ne cessaveris! Ascende eum!“

Europa non cessavit, iam in tauro sedebat. Amicae gaudebant et ridebant, cum subito taurus surrexit et currere coepit. Paulo post tam celeriter cucurrit, ut comites Europae adesse non possent. Amicae vehementer perturbatae steterunt vocemque Europae miserae audiverunt. Viderunt taurum procul mare inire et – medias per undas natare[2].

Taurus[1] animum virginis perterritae his verbis confirmare temptavit: „Ne timueris, Europa! Exspecta fortiter futura! Nam felix fortuna te exspectat.“ Tandem insulam accesserunt. Postquam taurus Europam ibi deposuit, discessit.

---

[1] **taurus, ī** *Stier* – [2] **natāre** *schwimmen*

Paolo Veronese: Der Raub der Europa. 16. Jh.
Venedig, Dogenpalast, Sala Anticollegio.

Europa a tauro[1] deserta huc atque illuc spectabat. Subito vir veste dei indutus ante eam stetit familiariter dicens: „Ne metueris, virgo pulchra! Sum rex huius insulae, quam incolae Cretam nominant. Servabo te, si mihi nubere vis." Statim Europa cognovit hanc vocem tauri esse. Gaudebat felixque erat.

Sed tempore nocturno a marito novo relicta erat. Sola in litore stabat acerbeque flebat: „Relicta sum. Haud diu viva ero: Aut morbo afficiar aut a leonibus rapiar!" Subito vocem audivit. Venus dea cum Amore deo aderat dicens: „Ne nimis tristis fueris, Europa! Ne lacrimas fuderis! Iuppiter, pater deorum, ipse te uxorem suam fecit. Immortalis eris, nam tu huic parti orbis terrarum nomen dabis."

[1] **taurus, ī** *Stier*

54 Aktäon

G Partizip Futur Aktiv (PFA) – Infinitiv Futur Aktiv

König Agenor habt ihr bereits als Vater der Europa kennengelernt. Sein Sohn war Kadmos, der sagenhafte Gründer der Stadt Theben. Dessen Enkel wiederum war Aktäon, von dem die folgende Geschichte handelt ...

Actaeon adulescens comitesque aestate in silvam ibant animalia fera capturi. Multa animalia iam ceperant, cum Actaeon signum dedit comites uno loco collecturus: „Venite huc, amici! Venationi[1] praeclarae interfuistis: Videte, quantam praedam fecerimus! Quis vestrum otio non eget? Qua de causa nobis nunc quiescere licet. Cras[2] certamen inter nos erit: Quis nostrum plurima animalia capiet? Nunc autem recreate vos otio!“

Unus e comitibus verba ducis laudavit: „Hoc summa cum sapientia dictum est. Profecto puto nos cras complura animalia capturos esse. Ego nunc ibo locum ad somnum idoneum quaesiturus.“ Actaeon respondens se idem facturum esse in silvam atram abiit. Nondum sciebat id initium perniciei suae futurum esse.

Nam in regionem Dianae deae sacram perveniebat. Ibi altae arbores parvum sacrum circumdabant. Quem locum pulchrum Diana saepe cum Nymphis adibat. Etiam tunc dea aderat: Iam arma sua et vestem deposuerat in aqua fontis se recreatura. Nymphae laetae aqua se sparserunt comamque[3] deae diligenter composuerunt, cum subito Actaeon accessit.

Nymphae vehementer perterritae clamaverunt et corporibus suis deam nudam[4] tegere temptaverunt. Actaeon ut statua stetit, nil dixit, deam tantum spectavit. O infelicem iuvenem! Cur non fugis?

Sed iam Diana caput Actaeonis aqua sparsit. Acriter et severe dixit: „Adulescens stulte, haud tibi licet Dianam deam sine veste videre. Puto te id, quod vidisti, comitibus tuis narraturum esse! Cavebo autem, ne hoc flagitium[5] facias!“ His verbis virum miserum in cervum[6] convertit.

---

[1] **venātio, ōnis** *f Jagd* – [2] **crās** *Adv. morgen* – [3] **coma, ae** *Haar* – [4] **nudus, a, um** *nackt* – [5] **flāgitium, ī** *Gemeinheit, Schandtat* – [6] **cervus, ī** *Hirsch*

Giuseppe Cesari: Diana und Aktäon. 17. Jh. Paris, Musée du Louvre.

Is autem magno metu motus in silvam fugit. Cum in aqua fontis imaginem suam videret, perterritus est. Labra[1] movit aliquid dicturus – at voces barbarae tantum auditae sunt. Secum cogitavit: „Utrum hic manebo aut domum redibo? Sed quomodo vitam in silvis agere possum?"

Dum haec animo volvit, canes cervum[2] per silvam errantem aspexerunt. Actaeon miser clamavit: „Ne me laeseritis! Nonne me cognoscitis? Ego sum dominus vester!" Sed canes dominum suum non cognoverunt. Sine ulla mora animal miserum crudeliter perdiderunt.

---

[1] **labrum, ī** *Lippe* – [2] **cervus, ī** *Hirsch*

55 Pyramus und Thisbe

G Partizipialkonstruktionen (Vertiefung) – Partizip Futur Aktiv als Prädikatsnomen

Pyramus iuvenis fortis, Thisbe virgo pulchra erat. Quia se amabant, vitam communem agere volebant. Parentes autem severi nuptias[1] non permittebant. Miseris amantibus ne convenire quidem licebat, quamvis in domibus finitimis[2] habitarent.

John William Waterhouse: Thisbe. 1909. London, Sotheby's.

At amantes per rimam parietis[3] occulte sermones habebant. Quondam Pyramus amicae hoc consilium aperuit: „Nimio amore tui vexor. Quare mihi necessarium est te videre. Oro te, ut custodes decipias nocteque domum patris relinquas. Ad magnum sacrum ante urbem situm conventuri sumus. Ibi fontem et altam arborem videbis."

Hoc consilium virgini placebat; media nocte custodem decipiens e domo abiit. Gaudebat, quod locum tam facile invenerat. Quia Pyramus nondum aderat, Thisbe sub alta arbore consedit. Subito autem leo ad fontem accessit. Tum gaudium in magnum metum versum est: Puella perterrita surrexit et procul fugiens partem vestis reliquit, quam leo cruento[4] ore[5] sparsit.

Paulo post Pyramus accessit et vestem virginis sanguine[6] sparsam invenit. Iuvenis putans amicam necatam esse misera voce clamavit: „Haec una nox duos amantes corrumpet. Ego in culpa sum, Thisbe! Si primus adfuissem, te certe contra leones defendissem! Corripite me, leones feri!" Et haec verba acerba adiecit: „Hanc vitam tristem sine te non iam acturus sum." Tum gladio se necavit.

---

[1] **nuptiae, ārum** *Hochzeit, Heirat* – [2] **finitimus, a, um** *angrenzend, benachbart* – [3] **rīma parietis** *Spalt in der Wand*
[4] **cruentus, a, um** *blutig* – [5] **ōs, ōris** *n Mund, hier: Maul* – [6] **sanguis, inis** *Blut*

Andreas Nesselthaler: Pyramus und Thisbe. 1795. London, Sotheby's.

Ecce! Iam Thisbe rediit Pyramum tandem conventura eique de magno periculo narratura. Cum iuvenem sanguine[1] sparsum in terra iacere videret, lacrimas fundens clamavit: „Pyrame, quae mala fortuna te perdidit? Dic, Pyrame, audi, aperi oculos! Tua Thisbe te vocat!“ Cum iuvenis nomen virginis dilectae audiret, oculos aperuit, tum de vita decessit.

Puella gladium aspiciens dixit: „Etiam mihi manus fortis est. Certe parentes intellegent me post mortem amici non iam victuram esse. Quamquam vivi non convenimus, tamen mortui coniuncti erimus.“ Vix ea verba dixerat, cum gladio se interfecit.

Die erschütterten Eltern begruben die Asche der beiden in einer einzigen Urne, sodass sie tatsächlich im Tode vereint waren.

---

[1] **sanguis, inis** *Blut*

56 Mars, Vulcanus und Venus

G Ablativus absolutus (1)

Der Gott Vulcanus war mit der Liebesgöttin Venus verheiratet. Als er wieder einmal in seiner Schmiede unter dem Vulkan Ätna auf Sizilien zusammen mit seinen Gehilfen, den Zyklopen, Waffen und Rüstungen im Auftrag der Götter anfertigte, besuchte ihn der Sonnengott ...

Vulcanus vultu familiari Solem salutavit: „Salve, magne Sol! Quae causa te ad haec loca atra ducit? Ignosce, si tenebrae, flammae, clamores Cyclopum te sollicitant; hic fabri duri et fortes laborant." Sol respondit: „Spero te desperaturum non esse, si tibi de flagitio uxoris tuae narravero." Vulcanus malleo[1] deposito clamavit: „Dic mihi, quae uxor mea fecerit!" Sol: „Iam diu Venus Martem amat. Cum tu sub monte laboras, ambo occulte conveniunt. Ego ipse nuper eos oscula[2] sibi dantes vidi."

Paolo Veronese: Mars und Venus. Um 1575/80. Turin, Galleria Sabauda.

[1] **malleus, ī** *Hammer* – [2] **ōsculum, ī** *Kuss*

Hac re nova nuntiata Sol Vulcanum miserum reliquit. Is irae iustae non temperavit: Malleo[1] ambabus manibus comprehenso gladium paene confectum fregit. „Uxor impia, pudorem laesisti! Num Martem amas, Martem, cuius arma ego his manibus feci? Cur me neglegis, qui fulmina[2] Iovis feci? Ego Iove iubente perfeci catenam[3], qua Prometheus ad Caucasum fixus est. Et tu mihi tale flagitium paras, uxor? Flagitio nunc perspecto severe in te consulam. Neque Marti adversario parcam. Iam consilium idoneum habeo.“

Opere diei confecto Vulcanus Venerem adiit. Ira crescente tamen cum uxore cenabat et ridebat. Dixit: „Cras[4] domi non ero, uxor. Nam magnos labores perficere debeo.“

Profecto Venus Martem ad se vocavit, cum putaret maritum laborare. Marte deo tandem accedente Venus laeta fuit. Amantes oscula[5] dabant, cum repente rete ferreum[6] in eos cecidit. Ambo se movere non iam poterant.

Nunc vocem Vulcani audiebant: „Intrate, immortales, et intereste rei mirae! Videte, quam pulchras aves hodie ceperim!” Quibus verbis dictis dei constiterunt et Martem et Venerem vehementer deriserunt.

Ita Venus maritum deceptura ipsa ab eo decepta est.

Maerten van Heemskerck: Vulkan zeigt Mars und Venus im Netz den Göttern. Um 1536. Wien, Kunsthistorisches Museum.

---

[1] **malleus, ī** *Hammer* – [2] **fulmen, inis** *n Blitz* – [3] **catēna, ae** *Kette* – [4] **crās** *Adv. morgen* – [5] **ōsculum, ī** *Kuss* – [6] **rēte ferreum** *n eisernes Netz*

57 Perseus und Medusa

G Ablativus absolutus (2)

Perseus war der Sohn von Jupiter und der Menschenfrau Danaë. Ihrem Vater Akrisios hatte ein Orakel geweissagt, sein Enkel werde ihn einmal töten, und so setzte er Danaë und den kleinen Perseus in einem Kasten auf dem Meer aus. Jupiter aber rettete Mutter und Sohn, indem er sie auf der Insel Seriphos landen ließ, wo sie von König Polydektes aufgenommen wurden. Dieser überredete den Jüngling Perseus später dazu, ihm den Kopf der Medusa zu bringen, eines weiblichen Ungeheuers mit Schlangenhaaren ...

Cum Perseus aliquando laborem a rege mandatum pararet, repente Minerva dea ante eum stetit: „Audi, adulescens! Una tantum via est victoriae: Primo pete tres sorores Medusae. Hoc turpe genus feminarum in montibus Africae habitat. Unum oculum communem habent, quem inter se dividunt. Si hunc oculum illis rapueris, tibi viam ad Medusam ostendent. Praeterea accipe hunc clipeum[1], qui tibi usui erit!“ Quibus verbis dictis dea abiit.

Perseus itinere in Africam facto profecto tres sorores convenit. Illae, ut Minerva dixerat, primo adulescenti adesse nolebant; oculo autem rapto iuveni libenter viam ad Medusam ostenderunt. Sororibus parentibus tamen Perseus oculum non reddidit, sed eum in fontem prope situm iactavit. Ita caverat, ne sorores interim Medusae indicarent Perseum mox adfore.

Paulo post iuvenis nonnullis nymphis occurrit. Quae dixerunt: „Accipe hanc manticam[2], in qua caput Medusae condere poteris.“ Adulescens gratias egit et iter perrexit.

Brevi tempore Mercurium, nuntium deorum, accedere vidit. Is dixit: „Consilio tuo cognito dabo tibi hunc gladium ex argento factum. Accipe etiam haec talaria[3]! Quibus celeriter ad Medusam pervenies. Sed si speluncam[4] illius intraveris, cave, ne eam aspicias: Adhuc omnes, qui eam conspexerunt, sorte crudeli affecti sunt: In saxa mutati sunt.“

Profecto Perseus auxilio talarium celeriter ad illud litus volavit, ubi Medusa vitam agebat. Medusa tandem reperta Perseus id fecit, quod Mercurius iusserat. Sapienter providit, ut omne periculum effugeret.

---

[1] clipeus, ī *Schild* – [2] mantica, ae *Rucksack* – [3] tālāria, ium *Flügelschuhe* – [4] spēlunca, ae *Höhle*

Michelangelo Merisi, genannt Caravaggio: Das Haupt der Medusa.
1598. Florenz. Galleria degli Uffizi.

Perseus beherzigte die Mahnung Merkurs und näherte sich der schlafenden Medusa, ohne sie direkt anzusehen. Er hielt den Schild so vor sich, dass sie sich selbst wie in einem Spiegel erblickte.

Medusa gladio interfecta Perseus caput eius obtinebat. Capite in mantica[1] condito per aerem volavit gaudens se mox in patriam rediturum esse. Subito autem ventis vehementibus in regnum Atlantis agitatus est. Adulescens tum regem potentem orabat, ut sibi liceret ea nocte in tecto eius quiescere.

Cum autem ab eo repulsus esset, Perseus irae plenus dixit: „Tu iure hospitis neglecto donum idoneum accipies.“ Quibus verbis dictis Atlanti caput Medusae obiecit: Atlas statim in magnum montem mutatus est.

Nach dieser Sage soll so das Atlasgebirge im heutigen Marokko entstanden sein.

---

[1] **mantica, ae** *Rucksack*

58 Perseus und Andromeda

G Ablativus absolutus (3)

Atlante in montem mutato Perseus iter ad litus Aethiopiae perrexit. Ibi virginem pulchram in vincula coniectam vidit. Statim accessit et eam interrogare coepit: „Quod nomen tibi est, puella ignota? Quae sors crudelis te huc deduxit?"

Primo pudor puellam respondere vetuit. Tum autem dixit: „Mihi nomen est Andromeda. Sum filia Cephei, regis Aethiopiae. Audi causam calamitatis meae! Mater apud deas maris corpus pulchrum praedicabat. Dixit nullam feminam sibi parem esse. Quia mater se pluris existimabat quam feminas divinas, eae ira incensae Neptunum arcessiverunt. Deo auctore exemplum statutum est. Patria nostra tempestate paene deleta est, ego ad hoc saxum fixa sum. Neptunus enim decrevit me draconi[1] saevo obicere, ut eo modo matrem meam puniret."

Vix puella haec dixerat, cum ex altis undis maris draco[1] ingens caput sustulit et ad litus accedere coepit. Andromeda vehementer perterrita clamavit, parentes eius cursu celeri illuc cucurrerunt.

Perseus magna voce clamavit: „Draco[1] mox aderit! Audite verba mea: Sum Perseus, filius Iovis. Medusam crudelem superavi. Andromedam servabo, si mihi licebit eam uxorem ducere. Tum ad pugnam paratus ero."

Pater Andromedae respondit: „Haud me invito filiam uxorem duces. Si Andromedam nostram a dracone[1] liberaveris, me vivo regnum meum filiamque possidebis."

Et draco[1] iam adfuit. Perseus se constantem praebuit: Talaribus[2] in aerem se sustulit et ingenti impetu gladii magnum animal temptavit. Quamquam monstrum[3] magnas flammas misit, ab adulescente forti necatum est. Andromeda parentesque e litore draconem mortuum in undis mergi[4] viderunt. Tum virgo amore incensa parentesque felices adulescenti gratias egerunt.

---

[1] **dracō, ōnis** *m Drachen* – [2] **tālāria, ium** *Flügelschuhe* – [3] **mōnstrum, ī** *Ungeheuer* – [4] **mergi, mergor, mersus sum** *versinken*

Paolo Veronese: Perseus und Andromeda. Um 1576/78.
Rennes, Musée des Beaux-Arts et d'Architecture.

Paulo post nuptiae[1] erant. Sed Phineus, frater regis, cum militibus suis convivium laetum invasit clamans: „Andromeda, uxor diu sperata, cur me ignaro alicui viro nupsisti? Nunc ego huc veni supplicium iustum de Perseo sumpturus!"

Luca Giordano: Perseus kämpft gegen Phineus und dessen Gefährten. Um 1680. London, National Gallery.

Statim omnes hospites proelium acre inierunt. Sed tanta multitudo militum Phinei erat, ut Perseus vix se defendere posset. Cum cognosceret istos victuros esse, se avertit, caput Medusae comprehendit, hostibus ostendit. Statim Phineus eiusque milites in saxa conversi sunt.

So konnte Perseus heiraten. Später fand er seine Mutter Danaë wieder und lebte mit Andromeda glücklich bis an sein Lebensende.

---

[1] **nuptiae, ārum** *Hochzeit, Heirat*

59 Tantalus

G Hortativ – Jussiv – Optativ

Tantalus non solum rex dives et potens Lydiae, sed etiam filius Iovis erat. Cui summus deus etiam permiserat conviviis deorum interesse. Sed Tantalus tali honore dignus non erat. Nam omnia, quae apud superos audiverat, hominibus narravit.

Tanta audacia eius fuit, ut aliquando sapientiam superorum hoc modo turpi probaret: Primo filium suum necavit, deinde deos ad cenam vocavit, tum membra pueri exstincti in mensa posuit. Existimavit enim superos tantum scelus animadversuros non esse. Profecto Ceres umerum pueri cenavit. Ceteri dei crudele crimen patris impii statim perspexerunt.

Unus ex eis clamavit: „Quisnam tale flagitium vidit? Puer miser in vitam redeat umerusque laesus restituatur! At Tantalus gravi poena afficiatur! Ne cessaveritis, comites! Reddamus puero vitam! Puniamus patrem impium et sceleratum!“

Profecto dei puero vitam reddiderunt et umerum ex argento factum ei donaverunt. Tum Iuppiter irae plenus haec fere clamavit: „Qui furor te cepit, Tantale fili? Superi hominibus, qui tam crudeliter se gesserunt, numquam ignoverunt, ignoscunt, ignoscent. Censeo te omnem modum transisse. Honorem humanitatemque perdidisti, ignobilem te praestitisti. Itaque novum genus poenae inveniamus!“ Quibus verbis dictis Tantalum in Tartarum demisit.

Post adventum Tantalus statim coactus est media in aqua stare. Quotiens bibere cupiebat, aqua semper recedebat[1], ut sitim[2] ardentem numquam exstinguere posset. Praeterea supra caput arbor erat plena fructuum dulcium. Sed quotiens iste infelix manus tendebat fructus comprehensurus, in altum sublati sunt.

Saepe Tantalus misera voce optabat: „Utinam mihi aquam bibere liceret! Utinam dei mihi permitterent hos fructus pulchros cenare! Utinam ne filium necavissem! Utinam ne tantum scelus commisissem!“ Sed frustra haec dixit; superi Tantalum in aeternum hac poena afficiebant.

---

[1] recēdere, recēdō, recessī, recessum *zurückweichen* – [2] sitis, sitis *f* *Durst*

60 Sisyphus

G Adverbialsätze: kausal, konzessiv, adversativ

Auch Sisyphus, der Gründer der Stadt Korinth, hatte den Zorn des Jupiter auf sich gezogen, weil er dem Flussgott Asopus verraten hatte, dass der Göttervater mit dessen Tochter ein Liebesverhältnis habe.

Quia Iuppiter decreverat Sisyphum punire, Mortem ad eum misit. Etsi Mors cunctos homines semper sine ulla mora superaverat, Sisyphum vincere non poterat. Is enim Mortem in vincula tam fortia dedit, ut eius potestas frangeretur. Tum omnes mortales toto orbe laeti erant, quoniam nemo iam de vita decessit.

Quare Iuppiter a Marte, deo belli, auxilium petivit. Is bellum gerere statim desinebat seque ex acie recipiebat. Mars Mortem celeriter e vinculis liberavit. Dum Mors iterum officia sua praestare coepit, Mars Sisyphum in Tartarum duxit. Iuppiter iam gaudebat putans Sisyphum illo loco tristi tandem puniri. Sed iterum Sisyphus deos decepit: Sciebat Plutonem hominibus insepultis[1] aditum in Tartarum non praebere. Itaque uxorem vetuerat corpus suum mortuum in terra condere. Profecto is dolus optime contigit: Vix Mars et Sisyphus Tartarum intraverant, cum Pluto clamavit: „Ne accesseris, Sisyphe! Non tibi ius est regnum meum intrare, cum aliis mortuis liceat hic manere: Nam eorum corpora more veteri in terra condita sunt. Si hoc factum erit, libenter in meo regno accipieris! Nunc autem abi!“

Sisyphus laetus in terram rediit. Imperio Plutonis non paruit, sed vitam felicem cum uxore egit, praesertim cum illa multa convivia institueret. Saepe Sisyphus Plutonem derisit, propterea quod deum tam potentem dolo deceperat.

Aliquando autem Mors iterum ante Sisyphum stetit dicens: „Me non iam superabis. Veni mecum in Tartarum!“ Nunc Sisyphus Morti non iam restitit neque fuga salutem petivit. Postero die a Morte in Tartarum abductus est.

[1] īnsepultus, a, um *unbestattet*

Sisyphus. Griechische Vasenmalerei aus Apulien.
Um 330 v. Chr. München, Staatliche Antikensammlung.

Ibi supplicium grave eum manebat: Iove enim auctore saxum in altum montem volvere coactus est. Statim Sisyphus laborem durum incipiebat. Cum autem officium praestitisset, ingens saxum de monte ruit. Iterum Sisyphus saxum volvere coepit, iterum saxum de monte cecidit. Cum Sisyphus omnibus viribus corporis contenderet, tamen ei numquam contigit illum laborem perficere.

61 Der Raub der Proserpina

G Objektsätze (Indirekte Fragesätze) – Consecutio temporum

Proserpina filia Iovis et Cereris deae erat. Mater virginem pulchram adeo diligebat, ut eam procul in insula extera conderet, ne Proserpina a viro abduci posset. Profecto puella ibi vitam felicem sine praesidio agebat. Cum nymphis per silvas latas errabat, e fontibus puris aquam bibebat, in campis ludebat.

Aliquando in campo flores[1] varios collegit caput ornatura. Laeta carmen cecinit nesciens se in summo discrimine esse. Subito enim terra se aperuit. Quattuor[2] equi cursu celeri exierunt currumque[3] traxerunt, in quo Pluto, rex Tartari, stetit. Is statim Proserpinam perterritam comprehendit et secum abducere temptavit.

At Cyane nympha, quae ad fontem propinquum vivebat, hoc furtum animadvertit.

Rembrandt Harmensz van Rijn: Der Raub der Proserpina. Berlin, Staatliche Museen, Gemäldegalerie.

[1] flōs, flōris *m Blume* – [2] quattuor *indekl. vier* – [3] currus, ūs *Wagen*

Quae fortiter equis Plutonis occurrit magnaque voce clamavit: „Consistite, consistite! Quamvis rex potens sis, certe tibi non licet puellam rapere. Non intellego, cur tale scelus committas. An nescis, quid liceat, quid non? Nonne scis amore opus esse, si uxorem ducere vis? Praeterea respice miseram condicionem Cereris matris! Te interrogo, quomodo matri tristi istud flagitium explicaturus sis." Et plura verba addidit: „Audi: Num aequum est te virginem rapere?"

Pluto deus ira incensus respondit: „Cogita, quid dicas! Dubito, utrum stulta an audax[1] sis, nympha parva! Nonne te pudet deo dicere, quid facere oporteat? Da mihi viam!"

Nympha non cedente Pluto sceptrum[2] in eius fontem iactavit. Hoc modo via in Tartarum facta cum curru, equis, puella in regnum suum descendit. Cyane tristis tot lacrimas fudit, ut ipsa in fontem converteretur: Primo caput, umeri, pectora liquescunt[3], tum cetera membra in aquas abeunt.

Paulo post Ceres fontem adiit nympham interrogatura, ubi filia tandem esset. Sed Cyane in aquam mutata matri tristi respondere non iam poterat.

Ceres irrte auf der ganzen Welt umher, um ihre verschwundene Tochter wiederzufinden. Endlich verriet ihr der Sonnengott Sol den Aufenthaltsort der Proserpina. Mit Hilfe Jupiters erreichte Ceres zumindest, dass Proserpina zwei Drittel des Jahres an die Oberwelt kommen durfte. Das letzte Drittel jedoch, die Winterzeit, musste Proserpina bei ihrem Mann Pluto in der Unterwelt verbringen.

Frederic Lord Leighton: Die Rückkehr der Persephone. Um 1891. Leeds, City Art Galleries.

[1] audāx, audācis *frech, kühn* – [2] scēptrum, ī *Zepter* – [3] liquēscere *flüssig werden*

62 Die lykischen Bauern

G *ferre* – Satzwertige Konstruktionen

Bevor Jupiter Juno heiratete, hatte er mit Latona ein Verhältnis, aus dem das berühmte Geschwisterpaar Apollo und Diana hervorging. Als Latona mit ihnen schwanger war, musste sie durch viele Länder irren, weil die eifersüchtige Juno jedem Land verboten hatte, sie gastfreundlich aufzunehmen.

Latona dea postquam liberos peperit, Lyciam petivit. Aestas erat, sol ardebat. Dea longo itinere fatigata[1] aestum ferre non iam poterat. Praeterea liberi miseri flebant et clamabant, quia magna fame et siti[2] vexabantur.

Subito mater procul stagnum[3] aquae plenum conspexit. Ergo pede celeri illuc properavit. Cum prope esset, medio in stagno viros rusticos stare vidit, qui ibi calamos[4] colligebant. Cum dea aquam bibere vellet, viri improbi feminam miseram a stagno prohibebant.

Latona ex eis quaesivit: „Cur me ab aqua prohibetis? Usus aquae bonum commune est. Natura neque solem neque aerem neque undas hominibus singulis dedit. Supplex peto, ut mihi aditum ad aquam praebeatis. Neque enim huc veni corpus lavatura[5], sed ut magnam sitim[2] exstinguerem. Cur mihi tantum dolorem infertis? Etsi nulla misericordia vobis est, nonne parvi liberi vos movent? Nimis diu enim sitim pertulerunt. Afferte eis aquam, quaeso! Ne eos morti dederitis!"

Dum haec dicit, liberi cupidi parvas manus ad aquam tetenderunt. Sed viri rustici neque hoc conspectu neque precibus matris commoti sunt.

Brunnenskulpturen des Latona-Brunnens vor Schloss Herrenchiemsee in Bayern, 19. Jh.

---

[1] fatīgātus, a, um *erschöpft* – [2] sitis, sitis *f* *Durst* – [3] stāgnum, ī *Teich* – [4] calamus, ī *Schilfstengel* – [5] lavāre *waschen, baden*

Cornelis van Poelenburg: Latona und die lykischen Bauern, 17. Jh., Florenz, Opificio delle Pietre Dure.

Non solum deam ab aqua prohibere perrexerunt, sed etiam hoc flagitium addiderunt: Et pedibus et manibus aquam puram ita perturbabant, ut bibi non iam posset.

Cum Latona haec videret, ira sitim superavit. Dea manus ad caelum tollens dixit: „Oro, superi, ut isti scelerati semper in hoc stagno vivant. Opto, ut eis poenam iustam afferatis.“

Et statim res mira facta est: Alii viri sub undis fuerunt, alii caput parvum ex aqua sustulerunt. Dei enim eos in ranas[1] converterant, quia leges sanctas hospitii[2] violaverant. Quorum voces quoque mutatae sunt. Quamvis essent sub aqua, sub aqua maledicere[3] temptabant. Haec fabula usque ad nostra tempora relata est, ut bonum a malo differri possit.

---

[1] rāna, ae *Frosch* – [2] hospitium, ī *Gastfreundschaft* – [3] maledicere *schimpfen*

63 Niobe

G nd-Formen (Gerundium – attributives Gerundivum)

Niobae, reginae Thebarum, consuetudo erat se ipsam laudandi. Nimis praedicabat corpus, eloquentiam, divitias suas. Sed imprimis magnus numerus liberorum eam superbia complebat: Septem[1] filios et septem filias enim habebat.

Aliquando virgo, quae erat custos templi Latonae deae, consilium iniit feminas Thebanas[2] convocandi. Quamobrem per vias urbis cucurrit vocans: „Feminae, venite in templum Latonae et facite sacra deae eiusque liberis!“ Profecto multae feminae aderant.

Vix sacra instruxerant, cum subito Niobe regina intravit iraeque plena clamavit: „Qui furor, feminae, vos huc agitavit? Interrogo vos, cur deam alienam colendo me omittatis. Scire volo, utrum Latonam an me pluris aestimetis.“

Feminae tanta superbia commotae oculos in terram demiserunt. At regina sine ulla mora dicere perrexit: „Nonne scitis Tantalum patrem meum fuisse, cui cum superis cenare licebat? Nonne Iuppiter ipse avus meus est? Sumite tempus ad diligenter cogitandum: Mihi populi Phrygiae parent, mihi ingentes divitiae sunt. Praeterea comparando facile cognoscetis me tam pulchram quam istam deam esse. Addite nunc magnam turbam liberorum meorum! Latona tantum duos liberos educavit – haec est septima[3] pars gaudii mei! Tam felix tamque potens sum, ut Fortuna nullam facultatem habeat me violandi. Etsi Fortunae voluntas esset liberos mihi eripiendi, tamen numquam ad hunc parvum numerum liberorum Latonae descenderem. Quare desistite a sacris, feminae stultae, domumque abite!“ His verbis auditis feminae aras templumque statim reliquerunt.

Sed Latona dea, quae cum Apolline filio et Diana filia hoc flagitium e summo monte vidisset, dixit: „Perferre non iam possum istam feminam mortalem me et vos verbis violare. Operam date, ut eam puniatis!“

Apollo et Diana celeriter per caelum volantes ante muros Thebarum filios Niobae in corporibus exercendis viderunt. Apollo tela mittendi[4] peritus arcum[5] tetendit omnesque adulescentes interfecit.

---

[1] septem *indekl. sieben* – [2] Thēbānus, a, um *aus Theben, thebanisch* – [3] septimus, a, um *der (die, das) siebte* – [4] tēla mittere *Pfeile schießen* – [5] arcus, ūs *m Bogen*

Andrea Camassei: Der Tod der Niobiden.
17. Jh. Rom, Galleria Nazionale d'Arte Antica.

Hoc nuntio ad Niobam relato regina statim ad corpora filiorum mortuorum properavit. Flens dixit: „Gaude, Latona crudelis, quod mihi septem[1] filios eripuisti. Gaude, quod vicisti!“ Sed paulo post clamavit: „Num dixi te vicisse, dea? Certe non vicisti: Plures liberos habeo quam tu.“ Vix regina haec verba audaciae plena dixerat, cum Diana adfuit filiasque Niobae telis celeribus praeter unam necavit. Nioba dolore non ferendo affecta est.

Das Übermaß ihres Schmerzes ließ Niobe zu einer Felswand versteinern; wo aus dem Steinmassiv Sturzbäche hervorbrachen, vermutete man ihre Augenhöhlen.

---

[1] **septem** *indekl. sieben*

64 Theseus und Prokrustes

G Steigerung (Adjektive) – Ablativ des Vergleichs

Der Held Theseus wuchs bei seiner Mutter Aithra in Troizen auf. Erst als Jugendlicher hörte er, dass der König von Athen, Aigeus, sein Vater war. Alsbald machte er sich auf den Weg dorthin, um seinen Vater kennenzulernen. Wie sein Vorbild Herkules brachte er während dieser Reise viele Räuber, Wegelagerer und Riesen zur Strecke.

Haud longe ab urbe Athenis tum Procrustes vitam agebat. Erat homo crudelis, longior arbore alta. Is nullam occasionem omisit hospites dolo improbo fallendi. Cum hospes aliquando Athenas petens domum Procrustis praeteriit, is celeriter exiit et familiarissimo vultu dixit:

„Salve, hospes! Video, miserrime, te itinere fatigatum[1] esse. Et ecce! Iam vesper adest. Difficillimum est in tenebris iter pergere. At facillimum est iter ad diem posterum differre. Intra tectum meum! Si vis, ea nocte hic manebis. Satis ciborum nobis erit: Fame expulsa celerius Athenas pervenies. Cur dubitas?“

Cum quis hospitum domum inierat, primo cena praeclara delectatus, tum ad lectum ductus est. Procrustes semper haec verba dicebat: „Video te longiorem lecto esse, hospes. Sed tibi adero.“ His verbis sceleratus pedes hospiti miserrimo abscidit[2]. Si quisquam hospes brevior lecto fuit, membra eius a Procruste tanta vi tenta sunt, ut homo miser periret.

Procrustes cum Theseum animadverteret, adulescentem eodem modo fallere temptavit. Profecto iuvenis una cum Procruste domum intravit ibique cenavit. Post cenam vir impius Theseum ad lectum duxit dicens: „Video te longiorem esse quam lectum, hospes! Sed scio, quomodo te breviorem facturus sim.“ Cum iuvenis gladium acerrimum Procrustis videret, sceleratum sine ulla mora necavit.

Finitimi nece Procrustis audita gaudebant et Theseo gratias agebant, quia se tam firmum praestiterat.

---

[1] fatīgātus, a, um *erschöpft* – [2] abscindere, abscindō, abscīdī *abschneiden*

Theseus tötet Prokrustes. Griechische Vasenmalerei.
Um 420 v. Chr. University of Oxford, Ashmolean Museum.

65 Phädra

G Steigerung (Adjektive, Adverbien)

Theseus wurde später König Athens und verlebte glückliche Jahre mit seiner Frau Hippolyte, mit der er einen Sohn namens Hippolytos hatte. Als seine Frau starb, heiratete er Phädra, die jüngere Schwester der Ariadne.

Etsi Theseus Phaedraque nonnullos annos felicissime vixerant, Phaedra fidem uxoris bonae non praestitit. Vehementius enim amore Hippolyti capta erat.

Cum Theseus aliquando abesset, Phaedra amore commota Hippolytum adulescentem frequentius convenire studebat. Etsi uxor sciebat se turpius agere, plurimum consiliis amicae credidit. Quae femina improba non solum Phaedram ad amorem Hippolyti semper excitavit, sed etiam iuveni persuadere temptavit, ut is Theseum patrem proderet eumque quam celerrime e regno pelleret.

Alexandre Cabanel: Phädra. 1880. New York, The Granger Collection.

Hippolytus filius his consiliis perterritus se in sacrum Dianae deae recepit, ut ibi patrem redeuntem exspectaret. Nunc Phaedra timere coepit, ne Theseus rediens consilia turpia animadverteret. Phaedra metuens, ne graviter puniretur, mortem subire decrevit. Sed quia magnus amor in ingens odium conversus erat, Hippolytum crudelissime perdere cupivit. Quare ante suam mortem epistulam ad Theseum his fere verbis scripsit: „Phaedra, uxor tua bona, te salutat. Cum eam epistulam inveneris, iam mortua ero. Cognosce legendo scelus, quod Hippolytus commisit. Falsam opinionem de filio tuo habes: Iuvenis pessimus haud diutius tulit se sine potestate esse. Itaque iste consilium iniit te vel necare vel e regno pellere. Maius flagitium addidit: Me uxorem suam futuram esse voluit. Cum autem cognosceret me melius acturam esse fidemque uxoris bonae servaturam esse, me coegit, ut mortem subirem. Vale, marite optime, meque memoria tene! Cave autem filium, qui te maxime odit."

Profecto paulo post Theseus hanc epistulam in manu uxoris mortuae invenit. Epistula lecta tanto furore permotus est, ut Neptunum deum oraret: „Cura, ut filius impius mox pereat!" Cum Hippolytus accederet patri consilia crudelia Phaedrae aperturus, Theseus verbis filii non credidit, sed eum in exilium misit.

Celerius quam Theseus putaverat, filius occisus est: Cum Hippolytus patriam relinquens currum[1] per litus regeret, Neptuno auctore ingens monstrum[2] e mari surrexit. Cuius conspectu equi perterriti ruerunt Hippolytumque e curru iactaverunt. Brevi tempore graviter violatus periit. Sic Theseus infelix uno die et uxorem et filium amisit.

[1] currus, ūs *Wagen* – [2] mōnstrum, ī *Ungeheuer*

66 Jason raubt das Goldene Vlies

G Perfektbildung (Besonderheiten) – Indefinitpronomen *quidam* – Konjunktiv im Relativsatz

König Pelias von Thessalien trug Jason auf, aus Kolchis das Goldene Vlies zu holen. Er versprach ihm für diesen Fall den Thron, hoffte aber insgeheim, dass der junge Mann bei diesem Abenteuer umkommen werde. Nach vielen Abenteuern erreichte Jason mit dem Schiff Kolchis, wo er gegen den Willen des dortigen Königs Aietes das Goldene Vlies zu erringen suchte. Glücklicherweise hatte er die Königstochter Medea, die sich in ihn verliebt hatte, auf seiner Seite ...

Medea, ne quis amorem animadverteret, occulte domum patris reliquit. Vigiliis deceptis nocte ad navem Graecorum[1] pervenit. Ibi Iasoni dixit: „Si pellem[2] auream possidere vis, silvam quandam adire debebis, ubi draco[3] pellem in arbore fixam custodit. Sunt, qui dicant draconem immortalem esse. Magnum quoddam periculum ergo subibis. Sed ne desperaveris! Ego tibi libenter adero.“

Iason respondit: „Audi, Medea: Non sum is, qui metu coactus periculis cedam. Si mihi adfueris, te uxorem ducam. Adeamus nunc silvam! Nam nocte facilius erit draconem[3] subigere.“ His verbis dictis e loco superiore navis in arenam litoris descendit.

Paulo post ambo silvam atram intrabant. Iam procul oculos ardentes draconis[3] prospiciebant. Incredibili quadam virtute animali saevo occurrebant. Ecce! Draco ira accensus surrexit ingentique corpore suo Iasonem et Medeam in fugam vertere temptavit. Sed Medea draconi impetum facienti cibum venenatum[4] obiecit, quem is sine ulla mora cenavit. Paulo post animal saevum somno alto se dedit. Tum Iason pellem[2] auream in arbore fixam sustulit.

Ambo cum feliciter ad navem redissent, comites Iasonis vehementer gaudebant. Quidam ex eis pellem[2] auream iterum atque iterum spectabant. Iason magna voce clamavit: „Audite, comites! Huic virgini pulchrae gratias ago. Medea iuvante enim draconem[3] subegi. Pelle rapta mihi nunc Peliae regi succedere licet. Si dei nos in patriam pervenire permiserint, Medeam uxorem ducam.

[1] Graeci, ōrum *die Griechen* – [2] pellis, is *f* *Fell, Vlies* – [3] dracō, ōnis *m* *Drachen* – [4] venēnātus, a, um *vergiftet*

Christian Daniel Rauch: Jason und Medea. Marmorrelief. 1810-20. Berlin, Staatliche Museen, Nationalgalerie.

Quis est, qui hoc reprehendere possit? Nunc autem meminerimus patriae! Relinquamus quam celerrime hunc sinum!“ Quamquam Aeetes rex postridie magna cum classe navem Iasonis successit, Graeci[1] effugerunt.

In der Heimat angekommen, konnte sich König Pelias nicht weigern, seinen Thron für Jason freizumachen. Wie versprochen, heiratete Jason Medea.

[1] **Graeci, ōrum** *die Griechen*

67 Philemon und Baucis

G Deponentien (1)

Aliquando Iuppiter et Mercurius se in homines mortales converterunt et de caelo in terram descenderunt. Nam ignoti hospitium[1] hominum probaturi erant. Multas domos iam adierant sperantes se cibum simplicem accepturos esse. Sed nemo mortalium preces audivit, nullius porta patuit.

Iuppiter ira incensus dixit: „Vereor, ne cuncti homines tam duram mentem habeant. Non habeo, quod rear ullos homines bonos esse. Sed vide hanc parvam domum, Mercuri! Accedamus propius et temptemus ibi fortunam!“ Vix summus deus manu portam tetigerat, cum subito patuit. Philemon senex exibat familiarique voce hospites duos hortabatur, ut intrarent.

Intus Baucis uxor hospites veste simplici indutos salutabat: „Salvete, viri! Vos iter longum fecisse mihi videmini. Arbitror vos otio egere. Itaque considite et quiescite!“ Tum ad ignem ibat cenam paratura. Dum femina spiritu suo flammas alit, maritus e parvo horto[2] fructus arcessivit. Paulo post Philemon ridens: „Libenter confitemur“, inquit, „nos divites non esse. Sed vobis hodie cibos optimos praebebimus, hospites cari!“

Dei diu Philemonem et Baucidem intuebantur. Summo cum gaudio cognoverunt eos omnia, quae habebant, libenter cum hospitibus dividere, quamvis divites non essent. Post cenam Philemon hospitibus vinum, quod ipse paraverat, dedit. Dei convivio simplici contenti erant; imprimis autem vultibus familiaribus amborum gaudebant. At ii nesciebant se cenam paravisse deis. Sed mirabantur, quod vas iterum atque iterum vini plenum erat, quamquam iam multum biberant.

Subito senserunt deos hanc rem miram effecisse. Statim manibus ad caelum sublatis suppliciter superos oraverunt: „Ignoscite nobis, dei immortales, quod vobis tam simplicem cenam praebuimus.“ His verbis dictis Philemon per portam properavit anserem[3] capturus, necaturus, ad cenam paraturus. Sed senex quamquam animal celere comprehendere studuit, capere non potuit. Anser enim ad deos fugerat.

---

[1] **hospitium, ī** *Gastfreundschaft* – [2] **hortus** *Garten* – [3] **ānser, eris** *m* *Gans*

Peter Paul Rubens: Jupiter und Merkur bei Philemon und Baucis. Um 1620/25. Wien, Kunsthistorisches Museum.

Iuppiter ridens dixit: „Ii, qui supplices ad deos veniunt, numquam frustra orabunt. Profecto dei sumus. Ad terram descendimus, ut virtutem hominum cognosceremus. Sed praeter vos cuncti mortales mentem duram habere videntur. Si ii pietatem vestram imitati essent, supplicio digni non essent. Vos tuebimur, sed istos graviter puniri oportet. Relinquite celeriter hanc domum, ut servemini!“

Brevi tempore Philemon et Baucis in montibus versabantur eque eo loco superiore viderunt totam regionem sub aqua latere. Praeterea parvam domum suam in templum aureum mutari viderunt.

So hatte Jupiter die Gastfreundschaft beider belohnt. Die Alten lebten noch lange als Hüter des Tempels, bis sie auf ihren Wunsch hin zugleich starben und als Sinnbild ehelicher Liebe in einen Baum mit zwei Stämmen verwandelt wurden.

68 a) Pygmalion

G Deponentien (2)

Die Göttin Venus entstand aus dem Schaum des Meeres. Als erstes Land betrat sie die Insel Zypern, die der Antike als ihr Geburtsort galt und auf der sie besonders verehrt wurde.

Qua in insula quondam artifex[1] clarus vitam agebat, qui Pygmalion nominabatur. Is sine coniuge vivebat; plurima enim vitia feminarum querebatur: Alia, ut ratus est, fidem non praestitit, alterius avaritiam pati noluit, alia haud satis pulchra visa est.

Aliquando Pygmalion statuam virginis effecerat, quae pulchrior erat omnibus feminis vivis. Cuncti homines, qui hanc statuam viderunt, eam vivam virginem esse arbitrati sunt. Artifex[1] ipse tanto amore statuae incensus est, ut eam non solum iterum atque iterum tangeret, sed etiam cum ea loqueretur. Oscula[2] quoque dedit, munera puellis grata illi tulit, corpus pulchrum eius varia veste ornavit. Nocturno tempore statuam in lecto posuit, tamquam illa quiescere posset.

Dies festus[3] Veneris fuit, quo cuncti incolae insulae conveniebant, ut deam vererentur. Etiam Pygmalion prima luce ad sacrum Veneris profectus est. Ibi ad aram constitit manusque ad simulacrum deae tendens oravit: „Si dare cuncta potes, diva, opto, ut mihi sit coniunx statuae simillima! Ne oblita sis ministri pii tui, dea! Saepe enim auxilium tuum iam expertus sum. Polliceor me semper te veriturum esse.“ His precibus dictis magna cum celeritate domum rediit.

Vix statuae oscula[2] dederat eiusque corpus manibus tetigerat, cum illa oculos volvere et membra movere coepit. Pygmalion primo hac re mira perturbatus est, tum ad eam aggressus est: „Num etiam sermone humano uti potes?“ Paulo post expertus est eam loqui quoque posse. Deinde artifex[1] iterum ex ea quaesivit: „Num currere et me sequi potes? Utere pedibus tuis, quaeso!“ Profecto illa virum persecuta est.

---

[1] **artifex, icis** *Künstler* – [2] **ōsculum, ī** *Kuss* – [3] **fēstus, a, um** *festlich, feierlich*

Nunc Pygmalion sibi felicissimus vir totius orbis terrarum visus est. Sed maiorem etiam fortunam expertus est. Venus enim ei permisit, ut virginem sua arte factam uxorem duceret. Brevi tempore Paphus filia nata est.

Diese Tochter namens Paphos wurde später zur Gründerin und Namensgeberin der Stadt Paphos auf Zypern.

Ernest Normand: Pygmalion and Galatea, 1886.

68 b) Herkules und die Schlangen

G Deponentien (3)

Der Göttervater hatte zusammen mit Alkmene, der Frau des Königs von Theben, einen Sohn: Herkules. König Amphitryon wusste nichts von der göttlichen Abkunft des Kindes, wohl aber Juno, die Ehefrau Jupiters, die darüber sehr erzürnt war ...

Iuno Iovi vehementer irascebatur. His verbis secum flagitium mariti questa est: „Iterum a coniuge meo decepta sum. Iterum Iuppiter veritus, ne occasio secunda omitteretur, aliam feminam sibi delegit. Utinam mihi liceret eum ipsum punire! Sed nemo summum deum punire debet. Tamen scio, quomodo eum violatura sim: Perdam parvum puerum, quem Alcmene marito meo malo peperit. Quamobrem duos serpentes mittam, qui puerum in cubiculo[1] iacentem interficient."

Hercules puer cum quiesceret, repente serpentes a Iunone missae adfuerunt. Neque custodes neque servae animalia saeva animadverterant. Ne mater quidem prope sedens serpentes sibilantes[2] audiverat. Propius propiusque accedebant et cunabula[3] ascendebant. Cum puerum quiescentem viderent, capita erexerunt[4] linguasque celerrime huc et illuc moverunt. Tum longis corporibus collum[5] pueri miseri circumdare coeperunt. Parvus puer matre ignara summo in discrimine versatus est.

Sed Hercules e somno excitatus non solum magna voce clamavit, sed etiam manibus parvis animalia fera corripuit. Tum eorum colla[5] tanta vi pressit[6], ut serpentes statim de vita decederent.

Servae clamore pueri excitatae cubiculum[1] ingressae sunt, mater perterrita ad cunabula[3] ruit, custodes celeriter ingredientes rex ipse secutus est. Is ratus hostes invasisse cupidus fuit eos aggrediendi – sed solum Herculem parvum vidit. Cuncti tum miro conspectu movebantur: Parvus puer ridebat et laetus homines se circumdantes aspiciebat, serpentes mortui in terra iacebant.

Rex ingentem vim Herculis parvi mirans senem sapientem arcessivit, ut eius auxilio res futuras experiretur.

---

[1] cubiculum, ī *Schlafzimmer* – [2] sībilāre *zischen* – [3] cūnābula, ōrum *Pl. n Wiege* – [4] ērigere, ērigō, ērēxī, ērēctum *aufrichten* – [5] collum, ī *n Hals* – [6] premere, premō, pressī *drücken*

Senex contendit Herculem iuvenem e domo parentum egressurum, multa animalia saeva necaturum, post mortem vitam aeternam in numero deorum acturum esse. Constat haec omnia eodem modo evenisse, quo senex sapiens dixerat.

Pompeo Batoni: Herkules als Kind, die Schlangen erwürgend. 1743. Florenz, Galleria d'Arte Moderna.

69 Herkules am Scheideweg

G *fieri* – Genitivus partitivus – Texterschließung

König Amphitryon ließ Herkules im Bogenschießen, Boxen, Ringen und Leierspielen ausbilden. Der berühmte Lehrer Linos lehrte ihn die Buchstabenschrift. Als dieser den Jüngling einmal geohrfeigt hatte, war der Schüler darüber so erbost, dass er seinem alten Lehrer die Leier mit solcher Wucht an den Kopf warf, dass dieser starb. Amphitryon schickte Herkules nun aus Angst vor weiteren Gewaltausbrüchen zu den Hirten auf das Land, wo er eine glückliche Jugend verbrachte.

Aliquando Hercules adulescens comites suos convocavit. Haec fere dixit: „Audite, amici! Diu apud vos vivebam, multum temporis in laboribus duris consumebam. Factum autem est, ut hac vita non iam contentus essem. Itaque tempus adest cogitandi, qualem vitam futuram acturus sim. Etsi facile mihi non est, vos relinquere debeo. Valete!"

Postquam a familiaribus discessit, iter multorum dierum fecit. Itinere fatigatus[1] in saxo consedit et futura animo volvit. Repente duas feminas accedere vidit. Alia veste simplici induta erat, alia vestem variam multaque ornamenta aurea in collo gerebat. Quae magna cum superbia loqui coepit: „Suspicor te nescire, quam rationem vitae persecuturus sis. Si me comitem ducemque delegeris, vitam iucundissimam et pulcherrimam tibi propono. Non iam curis premeris, nihil mali tibi eveniet, cunctae res adversae cedent. Crede mihi: Et inopia et mala valetudine carebis, immo confisus viribus in voluptate aeterna vives. Bene cenabis, multum bibes, bene valebis. Facile fiet, ut vitam beatam sine opera consequaris."

Oratione habita iuvenis eam interrogavit, quod nomen haberet. Illa respondit: „Ii, qui me amant, Voluptatem me nominant. Sed plerumque fit, ut Vitium appeller."

Tum alia femina familiari voce ingressa est: „Non ignoro, Hercules", inquit, „te nobili genere ortum esse. Quamobrem opinor te viam meam secuturum esse. Ego tibi haud inania polliceor: Nec voluptatem nec luxuriam tibi propono. Homines scire debent nil boni sibi sine magna opera fieri posse. Ii, qui a superis diligi cupiunt, gloriam pietate et labore consequentur. Ii, qui amicis veris uti volunt, amicis usui esse debent. Eos, qui aliquid honoris sibi optant, in re publica versari oportet.

---

[1] **fatīgātus, a, um** *erschöpft*

Ii, qui corpore firmo uti volunt, corpus exercendo confirmare debent. Ceterum si nomen meum audire vis, Virtus appellor." Tum haec verba addidit: „Videsne ibi viam angustam et difficilem? Si me ducem delegeris, hac via ascendes."

Alia femina magna voce ridebat: „Quid consilii ergo inibis, Hercule? Si diligenter istam viam longam et asperam cum hac via brevi et iucunda mea comparaveris, tibi haud difficile erit decernere. Puto enim tibi tantum ingenii esse."

Tum Virtus dixit: „Fatere, Voluptas, te a superis pulsam esse et ab hominibus honestis neglegi: Numquam enim beneficium hominibus dedisti. Ego autem apud immortales et apud mortales in honore sum: Sine me enim nulla amicitia est. Si statueris me sequi, Hercules, certe labores et onera subire debebis, denique autem verum gaudium te exspectabit."

Paulo post utraque femina discesserat. Hercules sine ulla mora decrevit Virtute duce vitam agere.

Pietro Benvenuti: Herkules am Scheideweg.
1828. Florenz, Palazzo Pitti, Sala di Ercole.

Eigennamenverzeichnis

Actaeōn, onis m Aktäon, Enkel des Königs ↗Cadmus von Theben.

Aeētēs, ae m Aietes, König von ↗Colchis, Vater der ↗Medea.

Aegeus, eī m Aigeus, König von ↗Athen, Vater des ↗Theseus.

Aethiopia Äthiopien, Königreich des ↗Cepheus in Afrika.

Agēnōr, oris m König von Phönizien, Vater der ↗Europa und des ↗Cadmus.

Aethra Aithra, Tochter des Königs von ↗Troezen. Mutter des ↗Theseus.

Alcmēna Alkmene, Frau des ↗Amphitryon, des Königs von ↗Theben. Wurde von ↗Iuppiter schwanger und gebar ihm den ↗Hercules.

Amor, ōris m Amor (griech. Eros), der Liebesgott.

Amphitryōn, ōnis m König von ↗Thebae, Ehemann der ↗Alcmena.

Andromeda äthiopische Prinzessin, Tochter des Königs ↗Cepheus. Ihre Mutter ↗Cassiopeia hatte sich gerühmt, schöner als die Meeresgöttinnen zu sein, weswegen ↗Neptunus den Tod ihrer Tochter forderte. Andromeda wurde von ↗Perseus befreit, der sie schießlich zu seiner Gemahlin nahm.

Apollō, Apollinis m Apollo (griech. Apollon). Gott des Lichts, der Musik und Künste sowie der Heilkunst und Weissagung. Sohn des ↗Iuppiter und der ↗Latona, Zwillingsbruder der ↗Diana. In der griech. Stadt Delphi befand sich sein berühmtestes Heiligtum mit Orakelstätte. Heilig ist ihm der Lorbeerbaum, in den sich die schöne Nymphe ↗Daphne verwandelt hatte.

Argus der hundertäugige Wächter, den ↗Iuno zur Bewachung der ↗Io herbeirief. Er wurde von ↗Mercurius getötet. Juno setzte daraufhin seine 100 Augen ihrem heiligen Vogel, dem Pfau ein.

Athēnae, ārum Athen, bedeutendste Stadt in Griechenland. Heimat des ↗Theseus.

Atlās, antis m König von Mauretanien. Er verweigerte dem Reisenden ↗Perseus gastliche Aufnahme und wurde deshalb von ihm mit dem Haupt der ↗Medusa zu Stein verwan delt: in das Atlasgebirge (im heutigen Marokko).

Baucis, idis f Baucis, Ehefrau des phrygischen Bauers ↗Philemon.

Cadmus Kadmos, Gründer und König der Stadt ↗Thebae. Sohn des ↗Agenor und Bruder der ↗Europa. Großvater des ↗Actaeon.

Cassiopeia Kassiopeia, Königin von ↗Aethiopia, Mutter der ↗Andromeda.

Caucasus (mōns) der Kaukasus, Gebirge zwischen Schwarzem und Kaspischem Meer.

Cēpheus, eī m Kepheus, König von ↗Aethiopia, Gatte der ↗Cassiopeia, Vater der ↗Andromeda.

Cerēs, Cereris f Ceres (griech. Demeter). Göttin des Ackerbaus und der fruchttragenden Erde. Von ↗Iuppiter Mutter der ↗Proserpina.

Colchis, idis f Kolchis, Landschaft am östlichen Ufer des Schwarzen Meeres. Heimat der ↗Medea.

Crēta Kreta, griech. Insel. ↗Iuppiter entführte ↗Europa dorthin. Sie gebar ihm Minus, den späteren König der Insel.

Cyane eine Quell-Nymphe, die den Raub der ↗Proserpina durch ↗Pluto vergeblich zu verhindern suchte.

Cyclōpēs, um m Pl. die Zyklopen, einäugige wilde Riesen auf der Insel ↗Sicilia. Schmiedegehilfen des ↗Vulcanus.

Cyprus f Zypern, Insel im östlichen Mittelmeer. Geburtsort der ↗Venus. Heimat des ↗Pygmalion.

Danaē, ēs f Geliebte des ↗Iuppiter. Mutter des ↗Perseus.

Daphnē, ēs f eine schöne Nymphe, Tochter des Flussgottes ↗Peneus.

Diāna Diana (griech. Artemis). Göttin der Jagd, des Waldes und des Mondes, Schützerin der Frauen und der Jungfräulichkeit. Zwillingsschwester des ↗Apollo.

Eurōpa Tochter des phönizischen Königs ↗Agenor. ↗Iuppiter verliebte sich in sie und entführte sie in Gestalt eines weißen Stieres nach ↗Creta. Mutter des ↗Minus.

Fortūna die Glücksgöttin, die Personifikation des Glücks.

Herculēs, is m Herkules (griech. Herakles). Stärkster und berühmtester der griech. Helden. Sohn des ↗Iuppiter und der ↗Alcmena. Um sich von einer im Wahnsinn begangenen Freveltat reinzuwaschen, musste er im Auftrag von Eurystheus, dem König von Tiryns, die berühmten „zwölf Arbeiten“ vollbringen. Nach seinem Tod wurde er in den Kreis der Götter aufgenommen.

Hippolytus Hippolytos, Sohn des ↗Theseus aus erster Ehe; seine Stiefmutter ↗Phädra verliebte sich unglücklich in ihn.

Iāsōn, ōnis m Jason, Sohn des Königs Aison von Thessalien. Aisons Bruder ↗Pelias hatte sich des Thrones bemächtigt. Um Jason ins Verderben zu schicken, sandte er ihn nach ↗Colchis aus, das Goldene Vlies, ein heiliges goldenes Widderfell, heimzuholen. Wenn er dies schaffe, werde Pelias ihm die Königsherrschaft überlassen. Mit Hilfe der ↗Medea gelang ihm der Raub des Goldenen Vlieses. Er heiratete Medea und wurde König von Thessalien.

Īō, ōnis f die Tochter des Königs Inachos von Argos, Geliebte des ↗Iuppiter.

Iūnō, ōnis f Juno (griech. Hera). Schwester und Gemahlin des ↗Iuppiter. Schützerin der Ehe und der Frauen; Fruchtbarkeits- und Geburtsgöttin.

Iuppiter, Iovis m Jupiter (griech. Zeus), Göttervater. Zum großen Ärger seiner Gattin ↗Iuno hatte er zahlreiche Geliebte, z.B. ↗Io, ↗Europa, ↗Ceres, ↗Danae, ↗Latona, ↗ Alcmena ... Aus diesen Verbindungen gingen viele Götter und Helden hervor: ↗Apollo und ↗Diana, ↗Proserpina, ↗Hercules, ↗Perseus, ↗Tantalus, ↗Sisyphus ... Die Liebschaften des Jupiter galten in der Antike nicht als Schande sondern als Zeichen der übermächtigen Naturkraft des höchsten Gottes.

Latōna Göttin (griech. Leto). Von ↗Iuppiter Mutter des ↗Apollo und der ↗Diana. Flieht als Schwangere vor der eifersüchtigen ↗Iuno, gebiert ihre Zwillinge schließlich auf der griech. Insel Delos.

Lycia Lykien, Landschaft im Südwesten Kleinasiens.

Lydia Lydien, Landschaft an der Westküste Kleinasiens.

Mārs, Mārtis m Mars (griech. Ares). Gott des Krieges.

Mēdēa zauberkundige Tochter des Königs ↗Aeetes von ↗Colchis. Half ↗Iason mit ihrer Zauberkunst beim Raub des Goldenen Vlieses. Nach der Flucht aus Colchis wurde sie Jasons Gemahlin.

Medūsa weibliches Ungeheuer mit Schlangenhaaren, dessen Anblick jeden Menschen zu Stein erstarren ließ. Von ↗Perseus getötet und enthauptet.

Mercurius Merkur (griech. Hermes), Götterbote, Gott des Handels, der Reise und der Diebe.

Minerva Minerva (griech. Athene), Göttin der Weisheit und des Handwerks. Tochter des ↗Iuppiter.

Mors Mors (griech. Thanatos), die Personifikation des Todes.

Naxus f Naxos, griech. Insel.

Neptūnus Neptun (griech. Poseidon). Gott des Meeres.

Nioba Tochter des ↗Tantalus, im kleinasiatischen ↗Phrygia aufgewachsen, später durch die Heirat mit Amphion Königin von ↗Thebae.

Nymphae, ārum f Pl. die Nymphen, niedere Baum-, Fluß- und Quellgottheiten. Begleiterinnen der ↗Diana und der ↗Proserpina.

Paphus Paphos, Tochter des Pygmalion, Gründerin der Stadt Paphos auf ↗Cyprus.

Peliās ae m König von Thessalien, sandte seinen Neffen ↗Iason aus, das Goldene Vlies aus ↗Colchis zu rauben.

Pelops, opis m Sohn des Tantalus, wurde von seinem Vater getötet und den Göttern zum Mahl vorgesetzt, um diese zu prüfen. Nach der Entdeckung des Frevels wurde Pelops von den Göttern wieder zum Leben erweckt.

Perseus, eī m Sohn des ↗Iuppiter und der Menschenfrau ↗Danae. Als Perseus ein junger Mann geworden war, machte er sich auf, die ↗Medusa zu töten. Mit dem Haupt der Medusa verwandelte Perseus den ↗Atlas zu Stein. Er befreite ↗Andromeda und machte sie zu seiner Frau. Auf der Hochzeitsfeier versteinerte er seinen Rivalen ↗Phineus mit dem Haupt der Medusa.

Phaedra Phädra, Tochter des Königs Minus, Schwester der Ariadna, zweite Frau des ↗Theseus. Verliebte sich unglücklich in ihren Stiefsohn ↗Hippolytus. Als dieser ihre Liebe nicht erhörte, erhängte sie sich.

Phaëthōn, ōntis m Sohn des Sonnengottes ↗Sol.

Philēmōn, ōnis m alter Bauer in ↗Phrygien, Ehemann der ↗Baucis. Ihre fromme Gesinnung wird von ↗Iuppiter belohnt.

Phīneus, ī m Bruder des Äthiopen-Königs ↗Cepheus. Er wurde von ↗Perseus mit dem Haupt der ↗Medusa versteinert.

Phrygia Phrygien, kleinasiatische Landschaft

Plūtō, ōnis m Pluto (griech. Hades). Gott der Unterwelt. Er entführte die ↗Ceres-Tochter ↗Proserpina in die Unterwelt und machte sie zu seiner Gattin.

Procrūstēs, is m Prokrustes, ein Räuber, der an der Straße von Eleusis nach ↗Athenae lebte. Er lud Reisende ein, die Nacht bei ihm zu verbringen. Wenn die nicht genau in sein Bett passten, pflegte er sie entweder zu strecken oder ihnen die Glieder abzuhauen. Wurde von ↗Theseus getötet.

Proserpina Proserpina (griech. Persephone). Tochter des ↗Iuppiter und der ↗Ceres. Wird von ↗Pluto in die Unterwelt entführt und zu seiner Gemahlin und Königin der Unterwelt gemacht. Zwei Drittel des Jahres darf sie zu ihrer Mutter und zur Oberwelt zurück.

Pygmaliōn, ōnis m ein Bildhauer von der Insel ↗Cyprus.

Pyramus Pyramus, ein Jüngling aus Babylon, Geliebter der ↗Thisbe. Die Eltern der beiden waren gegen diese Verbindung, was den Liebenden zum Verhängnis wurde.

Sicilia die Insel Sizilien an der „Stiefelspitze" Italiens.

Sisyphus Gründer und König von Korinth. Wegen seiner Freveltaten muss er im ↗Tartarus auf ewig büßen.

Sōl, Sōlis m Sol (griech. Helios), Sonnengott, Vater des ↗Phaethon.

Tantalus König von ↗Lydia, Vater der ↗Nioba und des ↗Pelops. Als Sohn des ↗Iuppiter durfte er an den Gastmählern der Götter teilnehmen; durch einen schrecklichen Frevel verspielte er dieses Privileg und musste ewige Strafen im ↗Tartarus verbüßen.

Tartarus der Teil der Unterwelt, in dem Verbrecher und Übeltäter nach dem Tod ihre Strafen verbüßen mussten, z.B. ↗Tantalus und ↗Sisyphus.

Thēbae, ārum f Pl. Theben, Hauptstadt der Landschaft Böotien in Griechenland. Ihr Gründer und erster König war ↗Cadmus.

Themis, idis f die Göttin der Gerechtigkeit und der ungeschriebenen sittlichen Ordnung.

Thēseus, eī m athenischer Held. Er wuchs bei seiner Mutter ↗Aethra in ↗Troezen auf. Als er erfuhr, dass ↗Aegeus, der König von ↗Athenae, sein Vater sei, machte er sich dorthin auf. Auf dem Weg kehrte er bei dem grausamen ↗Procrustes ein und tötete diesen. Auf ↗Creta tötete er mit Hilfe der Ariadna den Minotaurus. Vater des ↗Hippolytus aus erster Ehe, in zweiter Ehe verheiratet mit ↗Phaedra.

Thisbē, ēs f eine junge Frau aus Babylon, Geliebte des ↗Pyramus.

Troezēn, ēnis f Troizen, griech Stadt. in der Argolis. Heimat der ↗Aethra. ↗Theseus wuchs in Troizen auf, bevor er sich aufmachte, seinen Vater ↗Aegeus zu suchen.

Trōia Stadt im Nordwesten Kleinasiens; wurde im Trojanischen Krieg von den Griechen erobert.

Trōiānus trojanisch, Trojaner.

Venus, Veneris f Venus (griech. Aphrodite), Göttin der Liebe und der Schönheit. Ehefrau des ↗Vulcanus.

Virtūs, ūtis f die Personifikation der Tugend und des rechtschaffenen Lebens.

Voluptās, ātis f die Personifikation der Lust und des genussreichen Lebens.

Hinweise für die Lehrkraft

Dieses Lesebändchen verfolgt die Grundidee, die Schüler schon in der Spracherwerbsphase mit wesentlichen Mythenstoffen und -figuren vertraut zu machen, die sie in dieser Fülle auch bei der späteren Lektüre von Ovids *Metamorphosen* nicht kennenlernen werden.
Das Bändchen besteht aus 21 Kapiteln, die in der Reihenfolge des Wortschatzes und der Grammatik dem Lehrbuch *Felix neu* folgen, und zwar ab Kapitel 50. Dabei wurde in jedem Kapitel nicht nur auf eine ausreichende **Umwälzung des jeweiligen neuen Wortschatzes** und eine **hohe Phänomendichte des jeweils aktuellen Grammatikstoffes**, sondern auch auf **kontinuierliche immanente Wiederholung** geachtet, sodass sich eine gute Zusatzmöglichkeit zur **Wiederholung, Vertiefung und Einübung** bietet. Inhaltlich wurde Wert gelegt auf altersspezifisch interessante Geschichten für beiderlei Geschlecht, die teils märchenhaften, teils abenteuerlichen Charakter haben.
Drei Hauptverwendungsmöglichkeiten bieten sich an: Im Rahmen der **individuellen Förderung** bietet dies Lesebändchen sicher willkommenes Zusatzmaterial, zumal es sukzessive mit dem fortlaufenden Unterricht verzahnt ist. Es kann für die Schüler aber auch eine zusätzliche Möglichkeit für die **häusliche Übung** darstellen, und nicht zuletzt ist es geeignet, den Schülern in den Sommerferien eine gute **Wiederholungsmöglichkeit des gesamten Stoffes** in unterhaltsamer Form zu bieten.

Bildnachweis

7: akg-images | 9: akg-images / Nimatallah | 13: Belluno, Museo Civico / akg-images / Cameraphoto | 15: akg-images / Erich Lessing | 16: Sotheby's / akg-images | 17: Sotheby's / akg-images | 18: akg-images / Electa | 19: akg-images / Erich Lessing | 21: akg-images / Electa | 23: akg-images / Erich Lessing | 24: akg-images / The National Gallery London | 27: akg-images / Erich Lessing | 28: Bildarchiv Preußischer Kulturbesitz / Gemäldegalerie, Staatl. Museen zu Berlin. Jörg P. Anders, Berlin | 29: akg-images | 30: Andrea Späth / DIZ, Süddeutscher Verlag, Bilderdienst, München | 31: akg-images | 33: akg-images / Electa | 35: The Bridgeman Art Library, London | 36: Ullstein-Bild / The Granger Collection | 39: Bildarchiv Preußischer Kulturbesitz, Berlin / Klaus Göken | 41: akg-images | 43: akg-images | 45: akg-images / Rabatti - Domingie | 47: akg-images / Orsi Battaglini

Vordere Umschlagseite: Photo Scala, Florenz

50 **Io und Argus** Dennoch durchschaute Juno die List Jupiters. Aber sie hütete sich davor, dass Jupiter erkannte, dass sie die List durchschaut habe. Deshalb fragte sie ihn: „Wer besitzt diese schöne Kuh? Woher kommt die so schöne Kuh?“ Da behauptete Jupiter, indem er eine Geschichte erfand: „Ich werde dir dies gerne erklären: Ich habe die Kuh in dieser Gegend gefunden. Ist sie nicht schön?“ Juno antwortete: „Gewiss, Ehemann. Deshalb bitte ich dich, ja fordere, dass du mir dieses schöne Lebewesen schenkst.“ Um nicht den Verdacht der Ehefrau zu wecken, übergab ihr Jupiter die Kuh. Juno führte die Kuh sofort zu dem Wächter, dessen Name Argus war. Dieser war ein sehr guter Wächter, da er hundert Augen hatte. Juno sagte: „Ich wünsche, Argus, dass du diese Kuh mit dir wegführst. Trag Sorge dafür, dass sie nicht fliehen kann! Trag Sorge dafür, dass keiner sie raubt! Trag Sorge dafür, dass mein Ehemann sie nicht befreit! Sieh zu, dass die Kuh dauerhaft in Fesseln ist!“ Lange Zeit war Io in der Macht des Argus. Immer wieder sah sie ihr Bild im reinen Wasser, immer wurde sie durch das Abbild erschreckt. Traurig wandte sie die Augen ab, weil sie keine Kuh sein wollte. Als sie schon die Hoffnung auf Rettung aufgegeben hatte, erblickte sie einst zufällig ihren Vater und lief sofort zu ihm. Dieser erkannte die in eine Kuh verwandelte Tochter nicht, sondern berührte das schöne Tier mit der Hand. Obwohl Io irgendetwas zu sagen versuchte, ist nur ein barbarischer Laut gehört worden. Als sie merkte, dass der Vater ihre Worte nicht verstand, schrieb sie Buchstaben mit dem Huf in den Sand – sofort durchschaute der Vater das traurige Los der Tochter. Aber schon war der Wächter Argus da und raubte Io. Als Jupiter das Unglück bemerkte, holte er den Merkur herbei und trug ihm Folgendes auf: „Bemühe dich, die unglückliche Gefangene aus den Händen des Argus zu befreien!“ Wenig später traf Merkur auf Argus. Indem er ihm eine lange Geschichte erzählte, bewirkte er, dass dieser vom Schlaf befallen wurde. Dann tötete der Götterbote den Argus mit dem Schwert. Aber das Ende der Leiden war noch nicht da. Juno nämlich hatte die arme Kuh über den ganzen Erdkreis getrieben, bis diese am Ufer des Nil erschöpft zusammenbrach. Mit fast gebrochener Stimme sagte sie Folgendes: „Gute Götter, gewährt ein Ende der Schmerzen! Ich bitte euch, dass ihr mir diese Gestalt gebt, die ich einst besaß!“ Durch diese leidende Stimme ist auch die hartherzige Juno zu Mitleid gerührt worden. Die unglückliche Kuh ist sofort in die junge Frau verwandelt worden.

51 **Apollo und Daphne** Apoll fragte: „Warum trägst du diesen Bogen auf den Schultern, Amor? Diese Waffen sind für mich, einen mächtigen Gott, geeignet, nicht für dich. Ist dir etwa nicht bekannt, mit welch großer Kraft ich die Schlange getötet habe? Weißt du nicht, wie viele Feinde ich mit meinen Geschossen besiegt habe? Leg sofort den Hochmut ab! Gestehe mir den Ruhm zu! Ich nämlich bin ein mächtiger Anführer, nicht du, Junge!“ Der kleine Amor schwieg zuerst, dann antwortete er: „Obwohl du schon viele mit deinen Geschossen besiegt hast, meine Geschosse werden bald dich überwinden!“ Während Apoll zu lachen begann, flog Amor zum höchsten Berg und sandte von diesem Ort aus zwei Geschosse: Durch das eine Geschoss wurde Apoll von gewaltiger Sehnsucht nach Liebe befallen, durch das andere Geschoss wurde bewirkt, dass Daphne durch die Liebe keines Mannes bewegt wurde. Obwohl der Vater oft von ihr gefordert hatte, dass sie ihm Enkel schenken solle, sagte jene immer: „Lass mich die Art des Lebens wählen, Vater! Erlaube mir, nach dem Beispiel der Göttin Diana ein freies Leben zu führen. Ich will keinen Mann heiraten. Denn du weißt, ein wie glückliches Leben ich bisher nach meinem Willen geführt habe!“ Einst erblickte der Gott Apoll Daphe und ist sofort in schwerer Liebe zu ihr entflammt gewesen. An sie heran-

tretend sagte er mit lieblicher Stimme: „Bleib, schönes Mädchen, und höre meine Worte! Warum fliehst du vor mir? Warum vergrößerst du den Abstand zwischen uns mit schnellem Schritt? Ich kritisiere dich, weil du immer wieder fliehst. Spürst du nicht, von welch großer Liebe ich befallen bin? Schließ mich dir als Freund an!" Aber vergeblich bat Apoll das hartherzige Mädchen. Daphne fuhr fort, dem Gott zu entfliehen. Wie sehr wünschte jene, dass sie sich verstecken könnte! Apoll jedoch ließ nicht von seinen Bitten ab: „Höre, Mädchen, damit du weißt, vor wem du fliehst! Ich bin weder ein Knecht noch ein Bauer. Mein Vater ist Jupiter selbst, der Anführer der Götter und Menschen. Ich kenne die Zukunft genau, ich habe den Menschen die Künste und die Lieder gegeben, ich bin von einzigartiger Tugend: Wer kann Geschosse mit so großer Kraft schießen wie ich? Weißt du nicht, wie oft ich Menschen zu Hilfe gekommen bin? Ist dir etwa nicht bekannt, wie oft diese mir Dank gesagt haben? Mir selbst jedoch kann ich nicht helfen: Ich werde von bitterer Liebe gequält. Warte also, bitte!" Aber es gelang dem Gott nicht, die junge Frau zu ergreifen und festzuhalten, obwohl er es oft versuchte. Wenig später aber konnte Daphne vor lauter Erschöpfung nicht mehr laufen. Sie streckte ihre Hände zum Himmel und sagte: „Steht mir bei, Götter, und verwandelt mich in einen Lorbeer, damit ich nicht von Apoll gepackt werde!" Und sieh da: Sofort spürte das Mädchen, dass seine Hände in Zweige, seine Füße in Wurzeln verwandelt wurden. Apoll berührte nicht mehr das Mädchen, sondern einen schönen Baum. Mit trauriger Stimme sagte der mächtige Gott: „Es ist mir nicht geglückt, dich zu heiraten. Dennoch werde ich dich nicht verlassen: Ich wünsche, dass mein Kopf immer von einem Lorbeerzweig geschmückt wird."

52 Phaëthon Als der junge Mann den hohen Palast des Sonnengottes betreten hatte, glaubte er zuerst nicht, was er sah: Die Sofas, die Tische und Gemälde waren aus Gold gemacht. Der göttliche Sol saß auf einem goldenen Thron. Mit lauter Stimme fragte er den Jüngling: „Welcher Grund hat dich hierher geführt, Sohn? Was suchst du im Haus des Vaters, Phaëthon?" Dieser antwortete: „O Vater, o helles Licht des Erdkreises, von Not gezwungen komme ich zu dir." – „Sag, was du willst!" – „Immer erzählen böse Menschen Folgendes über mich: ‚Ist dieser junge Mann der Sohn eines Gottes oder behauptet er dies fälschlicherweise?' Gib mir bitte ein Zeichen, mit dem ich diesen da meine Stellung beweisen kann!" Da erhob sich der Sonnengott und berührte den Sohn mit den Händen: „Immer werde ich den Menschen sagen, dass du mein Sohn bist. Aber damit du selbst nicht daran zweifelst, wünsche dir, was du willst!" Kaum hatte der Vater ein Ende seiner Rede gemacht, als der Sohn sagte: „Erlaube mir, Vater, dein goldenes Viergespann und die mit Flügeln ausgestatteten Pferde zu lenken!" Der Sonnengott, verwirrt über diese Worte, antwortete: „O unglücklicher Jüngling, weißt du nicht, wie schwierig es ist, diesen goldenen Wagen und die Pferde zu lenken? Warum wünscht du dir eine so schwere Arbeit? Handelst du mit Vernunft oder hast du den Verstand verloren? Nicht einmal Jupiter, der allen Göttern befiehlt, kann diese Pflicht erfüllen. Ich allein vermag den goldenen Wagen über die Straßen des Himmels zu lenken. O Phaëthon, glaub mir: Ich selbst werde von ungeheurer Furcht befallen, wenn ich auf dem Wagen stehend vom hohen Himmel aus auf Meer und Länder sehe. Wie willst du die starken Pferde festhalten? Kaum gehorchen die wilden Tiere mir!" Phaëthon aber ließ nicht vom Plan ab. Der Sonnengott sagte mit strenger Miene: „Du wünscht dir nicht Ehre, sondern Verderben für dich. Deshalb lass von diesem dummen Plan ab! Willst du leben oder aus dem Leben scheiden? Welcher Wahnsinn treibt dich? Wenn du mir gehorchst, werde ich dir alles geben, was du dir wünschen wirst." Aber der junge Mann wollte den Worten des Vaters nicht gehorchen. Da verstand der Vater, dass er den Sinn des Sohnes nicht beugen konnte. Deshalb führte er ihn zum goldenen Wagen und mahnte ihn mit diesen Worten: „Ich mahne dich, nur ja nicht den mittleren Weg zu verlassen. Weder der Himmel noch die Erde vermögen die Hitze der Sonne auszuhalten. Deshalb halte den mittleren Kurs!“ Aber Phaëthon hatte den Wagen schon bestiegen und hatte den Pferden befohlen, loszugaloppieren. Sofort zogen die temperamentvollen Pferde den Wagen mit großer Kraft über den Himmel. Zuerst freute sich der junge Mann fröhlich, dann aber wurde er von gewaltiger Furcht befallen. Weil er die Zügel überhaupt nicht mehr festhalten konnte, verließen die Pferde den mittleren Kurs und liefen bald hier, bald dorthin. Da entbrannte alles von der Glut der Sonne, von allen Seiten zerstörten Flammen den Erdkreis. Da wurde auch Phaëthon von den Flammen erfasst und stürzte vom hohen Himmel auf die Erde. Vater Sol erblickte mit trauriger Miene den Tod des Sohnes.

53 **Zeus und Europa** Die Freundinnen irrten weit und breit am Strand umher, bespritzten sich mit Wasser und sangen Lieder. Als Jupiter von hohem Himmel aus die schöne Europa inmitten ihrer Gefährtinnen spielen sah, ist er heftig von Liebe bewegt worden. Er beschloss, die junge Frau zu rauben. Also holte er schnell den Merkur herbei und sagte ihm: „Steig vom Himmel herab und suche das Königreich des Agenor auf! Dort wirst du Vieh sehen, dass du an den Strand treiben wirst.“ Obwohl der Götterbote den Grund dieses Befehls nicht durchschaute, erfüllte er brav seine Pflicht. Der höchste Gott verwandelte sich inzwischen in einen großartigen Stier. Merkur bemerkte nicht, das dieser Stier sich wenig später inmitten dieses Viehs befand, das er zum Strand hintrieb. Der in einen Stier verwandelte Jupiter erblickte Europa, umgeben von ihren Freundinnen. Weil er die junge Frau heftig begehrte, trat er an sie heran. Zuerst fürchtete sich das schöne Mädchen ein wenig, dann aber berührte sie das Tier mit der rechten Hand: „Niemals habe ich einen so schönen Stier gesehen!“ Schon waren die meisten Gefährtinnen da und berührten den Stier. Eine von den Freundinnen sagte. „Sieh, Europa! Der Stier liegt demütig bittend auf der Erde. Ich glaube, dass der Stier dich tragen will. Zögere nicht! Besteig ihn!“ Europa zögerte nicht, schon saß sie auf dem Stier. Die Freundinnen freuten sich und lachten, als plötzlich der Stier sich erhob und zu laufen begann. Wenig später lief er so schnell, dass die Gefährtinnen der Europa nicht helfen konnten. Die heftig beunruhigten Freundinnen standen da und hörten die Stimme der unglücklichen Europa. Sie sahen den Stier aus der Ferne ins Meer hineingehen und – mitten durch die Wellen zu schwimmen. Der Stier versuchte das Gemüt der eingeschüchterten jungen Frau mit folgenden Worten zu stärken: „Fürchte dich nicht, Europa! Erwarte tapfer die Zukunft! Denn ein glückliches Schicksal erwartet dich.“ Endlich kamen sie an eine Insel. Nachdem der Stier Europa dort abgesetzt hatte, verschwand er. Die vom Stier verlassene Europa schaute hier- und dorthin. Plötzlich stand ein mit dem Gewand eines Gottes bekleideter Mann vor ihr und sagte freundlich: „Fürchte dich nicht, schöne junge Frau! Ich bin der König dieser Insel, die die Einwohner Kreta nennen. Ich werde dich retten, wenn du mich heiraten willst.“ Sofort erkannte Europa, dass dies die Stimme des Stieres war. Sie freute sich und war glücklich. Aber zur Zeit der Nacht war sie vom neuen Ehemann verlassen worden. Allein stand sie am Strand und weinte bitterlich: „Ich bin verlassen. Nicht lange werde ich lebendig sein: Entweder werde ich von einer Krankheit befallen oder von Löwen gerissen werden.“ Plötzlich hörte sie eine Stimme. Die Göttin Venus war mit dem Gott Amor da und sprach: „Sei nicht allzu traurig, Europa! Vergieße keine Trä-

nen! Jupiter, der Göttervater, selbst hat dich zu seiner Frau gemacht. Du wirst unsterblich sein, denn du wirst diesem Teil des Erdkreises deinen Namen geben."

54 **Aktäon** Der Jüngling Aktäon und seine Begleiter gingen im Sommer in den Wald, um wilde Tiere zu fangen. Sie hatten schon viele Tiere gefangen, als Aktäon ein Zeichen gab, um die Begleiter an einem Platz zu versammeln: „Kommt hierher, Freunde! Ihr habt an einer großartigen Jagd teilgenommen: Seht, wie große Beute wir gemacht haben! Wer von euch braucht nicht Ruhe? Deshalb ist es uns jetzt erlaubt, uns auszuruhen. Morgen wird ein Wettstreit zwischen uns stattfinden: Wer von uns wird die meisten Tiere fangen? Jetzt aber erholt euch durch Schlaf!" Einer von den Begleitern lobte die Worte des Anführers: „Dies ist mit höchster Weisheit gesagt worden. Tatsächlich glaube ich, dass wir morgen mehrere Tiere fangen werden. Ich werde nun gehen, um mir einen geeigneten Platz zum Schlafen zu suchen." Aktäon antwortete, dass er dasselbe tun werde, und ging in den dunklen Wald weg. Er wusste noch nicht, dass dies der Beginn seines Verderbens sein würde. Denn er kam in das der Göttin Diana geheiligte Gebiet. Dort umgaben hohe Bäume ein kleines Heiligtum. Diesen schönen Ort suchte Diana oft mit den Nymphen auf. Auch damals war die Göttin dort. Schon hatte sie ihre Waffen und das Kleid abgelegt, um sich im Wasser der Quelle zu erfrischen. Die Nymphen bespritzten sich fröhlich mit Wasser und ordneten sorgfältig das Haar der Göttin, als plötzlich Aktäon hinzutrat. Die heftig erschrockenen Nymphen schrien auf und versuchten mit ihren Körpern die nackte Göttin zu verdecken. Aktäon stand wie ein Standbild da, sagte nichts und schaute nur die Göttin an. O unglücklicher Jüngling! Warum fliehst du nicht? Aber schon bespritzte Diana den Kopf des Aktäon mit Wasser. Scharf und streng sagte sie: „Dummer junger Mann, es ist dir nicht erlaubt, die Göttin Diana ohne Gewand zu sehen. Ich glaube, dass du das, was du gesehen hast, deinen Gefährten erzählen wirst. Ich aber werde dafür sorgen, dass du diese Gemeinheit nicht begehst!" Mit diesen Worten verwandelte sie den armen Mann in einen Hirsch. Dieser aber floh, von großer Furcht bewegt, in den Wald. Als er im Wasser einer Quelle sein Abbild erblickte, erschrak er: Er bewegte die Lippen, um irgendetwas zu sagen – aber man hörte nur barbarische Laute. Er dachte bei sich: „Werde ich hier bleiben oder nach Hause zurückkehren? Aber wie kann ich ein Leben in den Wäldern führen?" Während er dies überlegte, erblickten Hunde den durch den Wald irrenden Hirsch. Der arme Aktäon rief: „Verletzt mich nicht! Erkennt ihr mich nicht? Ich bin euer Herr!" Aber die Hunde erkannten ihren Herrn nicht. Ohne Zögern richteten sie das elende Tier auf grausame Weise zugrunde.

55 **Pyramus und Thisbe** Pyramus war ein tapferer junger Mann, Thisbe eine schöne junge Frau. Weil sie sich liebten, wollten sie ein gemeinsames Leben führen. Die strengen Eltern aber erlaubten die Hochzeit nicht. Es war den unglücklichen Liebenden nicht einmal erlaubt, sich zu treffen, obwohl sie in angrenzenden Häusern wohnten. Die Liebenden jedoch führten heimlich Gespräche durch einen Spalt in der Wand. Einst eröffnete Pyramus der Freundin folgenden Plan: „Ich werde von allzu großer Liebe zu dir gequält. Deshalb ist es nötig für mich, dich zu sehen. Ich bitte dich, die Wächter zu täuschen und nachts das Haus des Vaters zu verlassen. Wir werden uns am großen Heiligtum treffen, das vor der Stadt liegt. Dort wirst du eine Quelle und einen hohen Baum sehen." Dieser Plan gefiel der jungen Frau; sie täuschte mitten in der Nacht die Wächter und ging aus dem Haus. Sie freute sich, weil sie den Ort so leicht gefunden hatte. Weil Pyramus noch nicht da war, setzte sich Thisbe unter den

hohen Baum. Plötzlich aber trat ein Löwe an die Quelle heran. Da verwandelte sich die Freude in große Angst: Das erschreckte Mädchen stand auf und weit weg flüchtend ließ sie einen Teil ihres Kleides zurück, das der Löwe mit seinem blutigen Maul befleckte. Wenig später kam Pyramus hinzu und fand das vom Blut benetzte Kleid des Mädchens. Der Jüngling, im Glauben, dass die Freundin getötet worden sei, rief mit elender Stimme: „Diese eine Nacht wird zwei Liebende verderben. Ich trage die Schuld, Thisbe! Wenn ich als erster angekommen wäre, hätte ich dich gewiss gegen die Löwen verteidigt. Packt mich, ihr wilden Löwen!“ Und er fügte folgende Worte hinzu: „Ich werde dieses traurige Leben ohne dich nicht mehr führen.“ Dann tötete er sich mit dem Schwert. Sieh da! Schon kehrte Thisbe zurück, um Pyramus endlich anzutreffen und um ihm von der großen Gefahr zu erzählen. Als sie den jungen Mann von Blut befleckt auf der Erde liegen sah, vergoss sie Tränen und rief aus: „Pyramus, welch schlimmes Schicksal hat dich vernichtet? Sprich, Pyramus, höre, öffne die Augen! Deine Thisbe ruft dich!“ Als der Jüngling den Namen der geliebten jungen Frau vernahm, öffnete er die Augen, dann schied er aus dem Leben. Das Mädchen sah das Schwert an und sagte: „Auch ich habe eine starke Hand. Gewiss werden die Eltern einsehen, dass ich nach dem Tod des Freundes nicht mehr leben will. Obwohl wir lebend nicht zusammengekommen sind, werden wir dennoch im Tod verbunden sein.“ Kaum hatte sie diese Worte gesagt, als sie sich schon mit dem Schwert tötete.

56 **Mars, Vulcanus und Venus** Vulkanus begrüßte mit freundlicher Miene den Sonnengott: „Sei gegrüßt, großer Sol! Welcher Grund führt dich zu diesen dunklen Orten? Verzeih, wenn die Dunkelheit, die Flammen und die Rufe der Kyklopen dich beunruhigen; hier arbeiten harte und kräftige Handwerker.“ Der Sonnengott antwortete: „Ich hoffe, dass du nicht verzweifeln wirst, wenn ich dir über die Schandtat deiner Ehefrau erzählen werde.“ Vulkanus rief, nachdem er den Hammer niedergelegt hatte: „Sag mir, was meine Ehefrau getan hat!“ Der Sonnengott sagte: „Schon lange liebt Venus den Mars. Wenn du unter dem Berg arbeitest, treffen sich beide heimlich. Ich selbst habe vor kurzem gesehen, wie sie sich Küsse gaben.“ Nachdem diese Neuigkeit gemeldet war, verließ der Sonnengott den unglücklichen Vulkanus. Dieser mäßigte seinen gerechten Zorn nicht: Nachdem er den Hammer mit beiden Händen umfasst hatte, zertrümmerte er ein beinahe fertiggestelltes Schwert. „Treulose Ehefrau, du hast das Schamgefühl verletzt! Liebst du Mars, den Mars, dessen Waffen ich mit diesen Händen geschaffen habe? Warum vernachlässigst du mich, der ich die Blitze Jupiters verfertigt habe? Ich habe auf Befehl Jupiters eine Kette vollendet, mit der Prometheus an den Kaukasus geheftet wurde. Und du bereitest mir eine solche Schande, Ehefrau?“ Nachdem ich die Schandtat nun durchschaut habe, werde ich streng gegen dich verfahren. Ich werde auch den Gegner Mars nicht verschonen. Schon habe ich einen geeigneten Plan.“ Nach Vollendung der Tagesarbeit suchte Vulkanus die Venus auf. Obwohl sein Zorn wuchs, aß er dennoch mit der Ehefrau und lachte. Er sagte: „Morgen werde ich nicht zuhause sein, Ehefrau. Denn ich muss große Arbeiten vollenden.“ Tatsächlich rief Venus den Mars zu sich, als sie glaubte, dass ihr Mann arbeitete. Als der Gott Mars endlich ankam, war Venus froh. Die Liebenden gaben sich Küsse, als plötzlich ein eisernes Netz auf sie fiel. Beide konnten sich nicht mehr bewegen. Nun hörten sie die Stimme Vulkans: „Tretet ein, Unsterbliche, und nehmt an der sonderbaren Sache teil! Seht, wie schöne Vögel ich heute gefangen habe!“ Nach diesen Worten stellten sich die Götter hin und lachten heftig über Mars und Venus. So ist Venus, die den Ehemann täuschen wollte, selbst von ihm getäuscht worden.

57 **Perseus und Medusa** Als Perseus einmal die ihm vom König aufgetragene Arbeit vorbereitete, stand plötzlich die Göttin Minerva vor ihm: „Höre, junger Mann! Es gibt nur einen Weg zum Sieg: Suche zuerst die drei Schwestern der Medusa auf. Dieses hässliche Frauengeschlecht wohnt in den Bergen Afrikas. Sie haben ein gemeinsames Auge, das sie unter sich teilen. Wenn du dieses Auge jenen raubst, werden sie dir den Weg zu Medusa zeigen. Außerdem nimm diesen Schild, der dir von Nutzen sein wird." Nach diesen Worten ging die Göttin weg. Nachdem Perseus den Weg nach Afrika gemacht hatte, traf er in der Tat die drei Schwestern an. Wie Minerva gesagt hatte, wollten jene zuerst dem Jüngling nicht helfen. Nachdem/ weil aber das Auge geraubt worden war, zeigten sie dem Jüngling bereitwillig den Weg zu Medusa. Obwohl die Schwestern gehorchten, gab Perseus dennoch das Auge nicht zurück, sondern warf es in eine nahe gelegene Quelle. So hatte er dafür gesorgt, dass die Schwestern inzwischen der Medusa nicht melden konnten, dass Perseus bald ankommen werde. Wenig später begegnete der Jüngling einigen Nymphen. Sie sagten: „Nimm diesen Rucksack, in dem du das Haupt der Medusa bergen können wirst." Der junge Mann bedankte sich und setzte seine Reise fort. Kurze Zeit darauf sah er Merkur, den Götterboten, herantreten. Der sagte: „Weil ich deinen Plan erkannt habe, werde ich dir dieses Schwert geben, das aus Silber gemacht ist. Nimm auch diese Flügelschuhe! Mit diesen wirst du schnell zu Medusa gelangen. Aber wenn du die Höhle jener betreten hast, hüte dich davor, sie anzublicken: Bisher sind alle, die diese angeschaut haben, von einem grausamen Schicksal befallen worden: Sie sind in Steinblöcke verwandelt worden." Tatsächlich flog Perseus mithilfe der Flügelschuhe schnell zu jener Küste, wo Medusa lebte. Nachdem er Medusa endlich aufgefunden hatte, tat Perseus das, was Merkur befohlen hatte. Klug sorgte er dafür, dass er jegliche Gefahr vermied. Nachdem Medusa mit dem Schwert getötet worden war, behielt Perseus deren Kopf. Nachdem er den Kopf in den Rucksack gepackt hatte, flog er durch die Luft, voller Freude, dass er bald in die Heimat zurückkehren werde. Plötzlich aber ist er durch heftige Winde in das Königreich des Atlas abgetrieben worden. Der junge Mann bat damals den mächtigen König, dass es ihm erlaubt wäre, in dieser Nacht in dessen Palast zu schlafen. Als er aber von ihm abgewiesen worden war, sagte Perseus voller Zorn: „Da du das Gastrecht vernachlässigt hast, wirst du das passende Geschenk erhalten." Nachdem er diese Worte ausgesprochen hatte, warf er dem Atlas das Medusenhaupt hin: Atlas ist sofort in einen großen Berg verwandelt worden.

58 **Perseus und Andromeda** Nachdem Atlas in einen Berg verwandelt worden war, setzte Perseus seine Reise zur Küste Äthiopiens fort. Dort sah er ein schönes Mädchen in Fesseln gelegt. Sofort trat er hinzu und begann dieses zu fragen: „Welchen Namen trägst du, unbekanntes Mädchen? Welch grausames Schicksal hat dich hierher geführt?" Zuerst verbot das Schamgefühl dem Mädchen zu antworten. Dann aber sagte es: „Ich heiße Andromeda. Ich bin die Tochter des Cepheus, des Königs von Äthiopien. Höre den Grund meines Unglücks! Die Mutter rühmte bei den Meeresgöttinnen ihren schönen Körper. Sie sagte, dass keine Frau ihr ebenbürtig sei. Weil Mutter sich höher einschätzte als die göttlichen Frauen, haben diese zornentbrannt den Neptun herbeigeholt. Auf Veranlassung des Gottes ist ein Exempel statuiert worden. Unsere Heimat ist durch ein Unwetter fast zerstört worden, ich bin an diesen Felsen gebunden worden. Neptun hat beschlossen, mich einem grausigen Drachen vorzuwerfen, um auf diese Weise meine Mutter zu bestrafen." Kaum hatte das Mädchen dies gesagt, als aus den tiefen Wellen des Meeres heraus ein gewaltiger Drache sein Haupt erhob und

an die Küste heranzuschwimmen begann. Die heftig erschreckte Andromeda schrie, ihre Eltern liefen in schnellem Schritt dorthin. Perseus rief mit lauter Stimme: „Der Drache wird bald dasein! Hört meine Worte: Ich bin Perseus, der Sohn Jupiters. Ich habe die grausame Medusa besiegt. Ich werde Andromeda retten, wenn es mir erlaubt sein wird, diese zu heiraten. Dann werde ich zum Kampf bereit sein." Der Vater der Andromeda antwortete: „Du wirst nicht gegen meinen Willen die Tochter heiraten. Wenn du unsere Andromeda vom Drachen befreist, wirst du zu meinen Lebzeiten mein Königreich und meine Tochter besitzen." Und schon war der Drache da. Perseus erwies sich als standhaft: Mit den Flügelschuhen hob er sich in die Luft und griff mit gewaltigem Schwung des Schwertes das große Tier an. Obwohl das Ungeheuer große Flammen ausspie, ist es von dem tapferen jungen Mann getötet worden. Andromeda und ihre Eltern sahen vom Strand aus den toten Drachen in den Wogen versinken. Da dankten die von Liebe entflammte junge Frau und ihre glücklichen Eltern dem jungen Mann. Wenig später war Hochzeit. Aber Phineus, der Bruder des Königs, drang mit seinen Soldaten in das fröhliche Gastmahl ein und schrie: „Andromeda, du lang erhoffte Ehefrau, warum hast du ohne mein Wissen irgendeinen Man geheiratet? Nun bin ich hierher gekommen, um die gerechte Strafe an Perseus zu vollziehen!" Sofort begannen alle Gäste einen heftigen Kampf. Aber die Menge der Soldaten des Phineus war so groß, dass Perseus sich kaum verteidigen konnte. Als er erkannte, dass diese siegen werden, wandte er sich ab, ergriff das Haupt der Medusa und streckte es den Feinden entgegen. Sofort sind Phineus und seine Soldaten in Steine verwandelt worden.

59 **Tantalus** Tantalus war nicht nur ein reicher und mächtiger König Lydiens, sondern auch der Sohn Jupiters. Diesem hatte der höchste Gott erlaubt, an den Gastmählern der Götter teilzunehmen. Aber Tantalus war einer solchen Ehre nicht würdig. Denn er erzählte alles den Menschen, was er bei den Göttern gehört hatte. So groß war sein Wagemut, dass er einmal die Weisheit der Götter auf diese schändliche Weise prüfte: Zuerst tötete er seinen Sohn, rief hierauf die Götter zum Essen, dann stellte er die Gliedmaßen des getöteten Jungen auf den Tisch. Er meinte nämlich, dass die Götter ein so großes Verbrechen nicht bemerken werden. Tatsächlich verspeiste Ceres die Schulter des Jungen. Die übrigen Götter durschschauten das grausame Verbrechen des treulosen Vaters sofort. Einer von ihnen rief: „Wer denn hat eine solche Schandtat gesehen? Der arme Junge soll ins Leben zurückkehren und die verletzte Schulter soll wiederhergestellt werden! Tantalus jedoch soll mit einer schweren Strafe belegt werden! Zögert nicht, Gefährten! Lasst uns dem Jungen das Leben zurückgeben! Lasst uns den frevelhaften und verbrecherischen Vater bestrafen!" In der Tat gaben die Götter dem Jungen das Leben zurück und schenkten ihm eine aus Silber gefertigte Schulter. Dann rief Jupiter voller Zorn ungefähr Folgendes: „Welcher Wahnsinn hat dich ergriffen, Sohn Tantalus? Die Götter haben den Menschen, die sich so grausam verhalten haben, niemals verziehen, verzeihen ihnen nicht und werden ihnen nicht verzeihen. Ich meine, dass du jegliches Maß überschritten hast. Du hast die Ehre und die Menschlichkeit zugrundegerichtet, du hast dich als unedel gezeigt. Lasst uns deshalb eine neue Art der Strafe erfinden!" Nach diesen Worten schickte er den Tantalus in den Tartarus hinab. Nach seiner Ankunft ist Tantalus sofort gezwungen worden, mitten im Wasser zu stehen. Sooft er trinken wollte, wich das Wasser immer vor ihm zurück, sodass er den brennenden Durst niemals löschen konnte. Außerdem war der Baum über seinem Kopf voll von süßen Früchten. Aber sooft der Unglückliche seine Hände ausstreckte, um die Früchte zu ergreifen, sind sie in die Höhe gehoben worden. Oft wünschte Tantalus mit elender Stimme: „O wäre es mir doch erlaubt Wasser zu trinken! Würden mir die Götter doch erlauben, diese schönen Früchte zu essen! Hätte ich doch meinen Sohn nicht getötet! Hätte ich bloß nicht ein so großes Verbrechen begangen!“ Aber er sagte dies vergeblich; die Götter belegten den Tantalus auf ewig mit dieser Strafe.

60 **Sisyphus** Weil Jupiter beschlossen hatte, den Sisyphus zu bestrafen, schickte er den Tod zu ihm. Auch wenn der Tod alle Menschen immer ohne irgendeine Verzögerung überwunden hatte, konnte er den Sisyphus nicht besiegen. Er nämlich legte den Tod in so starke Fesseln, dass dessen Macht gebrochen war. Da waren alle Menschen auf dem gesamten Erdkreis fröhlich, weil niemand mehr starb. Deshalb erbat Jupiter von Mars, dem Gott des Krieges, Hilfe. Dieser hörte sofort auf, Krieg zu führen und zog sich aus der Schlacht zurück. Mars befreite den Tod schnell aus den Fesseln. Während der Tod begann, wiederum seine Aufgaben zu erfüllen, führte Mars den Sisyphus in den Tartarus. Jupiter freute sich schon, weil er glaubte, dass Sisyphus an jenem düsteren Ort endlich bestraft werde. Aber wiederum täuschte Sisyphus die Götter: Er wusste, dass Pluto unbestatteten Menschen den Zugang zum Tartarus nicht gewährte. Deshalb hatte er seiner Ehefrau verboten, seinen toten Körper in der Erde zu bestatten. Tatsächlich gelang diese List bestens: Kaum hatten Mars und Sisyphus den Tartarus betreten, als Pluto rief: „Tritt nicht hinzu, Sisyphus! Du hast kein Recht dazu, mein Königreich zu betreten, während es hingegen anderen Toten erlaubt ist hier zu bleiben: Denn deren Körper sind nach alter Sitte in der Erde bestattet worden. Wenn dies gemacht sein wird, wirst du gerne in meinem Königreich aufgenommen werden! Nun aber verschwinde!“ Sisyphus kehrte fröhlich auf die Erde zurück. Er gehorchte dem Befehl des Pluto nicht, sondern verlebte ein glückliches Leben mit seiner Ehefrau, zumal da jene viele Gastmähler abhielt. Oft verlachte Sisyphus den Pluto, (deswegen) weil er einen so mächtigen Gott mit einer List getäuscht hatte. Einmal aber stand der Tod wiederum vor Sisyphus und sagte: „Du wirst mich nicht mehr besiegen. Komm mit mir in den Tartarus!“ Nun leistete Sisyphus dem Tod keinen Widerstand mehr und suchte nicht die Rettung in der Flucht. Am nächsten Tag ist er vom Tod in den Tartarus abgeführt worden. Dort erwartete ihn eine schwere Strafe: Auf Veranlassung Jupiters nämlich ist er gezwungen worden, einen Felsblock auf einen hohen Berg zu wälzen. Sofort begann Sisyphus die harte Arbeit. Nachdem er aber die Pflicht geleistet hatte, stürzte der gewaltige Felsblock vom Berg herab. Wiederum begann Sisyphus den Felsblock zu wälzen, wiederum fiel der Felsblock vom Berg hinab. Obwohl Sisyphus sich mit allen Kräften seines Körpers anstrengte, ist es ihm dennoch nie gelungen, jene Arbeit fertigzustellen.

61 **Der Raub der Proserpina** Proserpina war die Tochter Jupiters und der Göttin Ceres. Die Mutter liebte die schöne junge Frau so sehr, dass sie diese weit entfernt auf einer ausländischen Insel versteckte, damit Proserpina nicht von einem Mann weggeführt werden konnte. Tatsächlich verlebte das Mädchen dort ein glückliches Leben ohne Bewachung. Mit den Nymphen irrte sie durch weite Wälder, aus klaren Quellen trank sie Wasser und spielte auf den Feldern. Einmal sammelte sie auf einem Feld verschiedene Blumen, um ihren Kopf zu schmücken. Fröhlich sang sie ein Lied, ohne zu wissen, dass sie in größter Gefahr war. Plötzlich nämlich öffnete sich die Erde. Vier Pferde kamen in schnellem Galopp heraus und zogen einen Wagen, auf dem Pluto, der König des Tartarus, stand. Der packte die erschreckte Proserpina sofort und versuchte, sie mit sich zu entführen. Die Nymphe Cyane jedoch, die bei der benachbarten Quelle lebte, bemerkte diesen Raub. Sie trat tapfer den Pferden des Pluto entgegen und rief mit lauter Stimme: „Bleibt stehen, bleibt stehen! Obwohl du ein mächtiger König bist, ist es dir gewiss nicht erlaubt, ein Mädchen zu rauben. Ich verstehe nicht, warum du ein solches Verbrechen begehst. Oder weißt du nicht, was erlaubt ist und was nicht? Weißt du nicht, dass es Liebe braucht, wenn du eine Frau heiraten willst? Nimm außerdem Rücksicht auf die unglückliche Lage der Mutter Ceres! Ich frage dich, wie du der traurigen Mutter diese Schandtat erklären willst." Und sie fügte noch mehr Worte hinzu: „Höre: Ist es etwa gerecht, dass du eine junge Frau raubst?" Der Gott Pluto antwortete zornentbrannt: „Bedenke, was du sagst! Ich zweifle, ob du dumm oder frech bist, kleine Nymphe! Schämst du dich nicht, einem Gott zu sagen, was sich zu tun gehört? Gib mir den Weg frei!" Als die Nymphe nicht aus dem Weg wich, warf Pluto das Zepter in deren Quelle. Nachdem auf diese Weise ein Weg in den Tartarus geschaffen worden war, stieg Pluto mit dem Wagen, den Pferden und dem Mädchen in sein Königreich hinab. Die traurige Cyane vergoss so viele Tränen, dass sie selbst in eine Quelle verwandelt wurde. Zuerst verflüssigen sich der Kopf, die Schultern und die Brüste, dann werden die übrigen Körperteile zu Wasser. Wenig später suchte Ceres die Quelle auf, um die Nymphe zu fragen, wo denn endlich ihre Tochter wäre. Aber die in Wasser verwandelte Cyane konnte der traurigen Mutter nicht mehr antworten.

62 **Die lykischen Bauern** Nachdem die Göttin Latona ihre Kinder zur Welt gebracht hatte, suchte sie Lykien auf. Es war Sommer, und die Sonne brannte herab. Die von der langen Reise erschöpfte Göttin konnte die Hitze nicht mehr ertragen. Außerdem weinten die Kinder und schrien, weil sie von großem Hunger und Durst gequält wurden. Plötzlich erblickte die Mutter in der Ferne einen Teich, der voller Wasser war. Also eilte sie schnellen Schrittes dorthin. Als sie in die Nähe kam, sah sie mitten im Teich Bauern stehen, die dort Schilfrohre sammelten. Als die Göttin Wasser trinken wollte, hielten die bösen Männer die arme Frau vom Teich fern. Latona fragte sie: „Warum haltet ihr mich vom Wasser ab? Der Gebrauch von Wasser ist ein Gemeingut. Die Natur hat weder die Sonne noch die Luft noch die Wellen einzelnen Menschen gegeben. Demütig bitte ich, dass ihr mir Zugang zum Wasser gewährt. Ich bin nämlich nicht hierher gekommen, um meinen Körper zu waschen, sondern um den großen Durst zu löschen. Warum bereitet ihr mir einen so großen Schmerz? Auch wenn ihr keinerlei Mitleid habt, rühren euch nicht die kleinen Kinder? Allzu lange nämlich haben sie den Durst ertragen. Bringt ihnen Wasser, bitte! Liefert sie nicht dem Tod aus!" Während sie dieses sagte, streckten die Kinder begierig die kleinen Hände zum Wasser hin. Aber die Bauern sind weder durch diesen Anblick noch durch die Bitten der Mutter bewegt worden. Sie fuhren nicht nur fort, die Göttin vom Wasser fernzuhalten, sondern fügten auch diese Gemeinheit hinzu: Mit den Füßen und den Händen wirbelten sie das klare Wasser so auf, dass es nicht mehr getrunken werden konnte. Als Latona das sah, besiegte der Zorn ihren Durst. Die Göttin hob die Hände zum Himmel und sagte: „Ich bitte, ihr Oberirdischen, dass diese Verbrecher für immer in diesem Teich leben. Ich wünsche, dass ihr diesen die gerechte Strafe bringt." Und sofort ist eine wundersame Sache geschehen: Die einen Männer waren unter den Wellen, die anderen hoben ihren kleinen Kopf aus dem Wasser. Die Götter hatten diese nämlich in Frösche verwandelt, weil sie die geheiligten Gesetze des Gastrechts verletzt hatten. Auch deren Stimmen sind verwandelt worden. Obwohl sie unter Wasser waren, versuchten sie unter Wasser weiter zu schimpfen. Diese Geschichte ist bis

zu unseren Zeiten erzählt worden, damit man das Gute vom Bösen unterscheiden kann.

63 **Niobe** Niobe, die Königin von Theben, hatte die Gewohnheit, sich selbst zu loben. Allzu sehr pries sie ihren Körper, ihre Beredsamkeit, ihren Reichtum. Aber vor allem erfüllte die Anzahl ihrer Kinder sie mit Stolz: Sie hatte nämlich sieben Söhne und sieben Töchter. Einmal fasste eine junge Frau, die die Wächterin des Tempels der Latona war, den Plan, die Frauen von Theben zusammenzurufen. Deswegen lief sie durch die Straßen der Stadt und rief: „Frauen, kommt in den Tempel der Latona und bringt der Göttin und ihren Kindern Opfer dar!" Tatsächlich waren viele Frauen anwesend. Kaum hatten sie die Opfer dargebracht, als plötzlich Königin Niobe eintrat und voller Zorn schrie: „Welcher Wahnsinn, Frauen, hat euch hierher geführt? Ich frage euch, warum ihr mich vernachlässigt – dadurch, dass ihr eine fremde Göttin verehrt. Ich will wissen, ob ihr Latona oder mich höher schätzt." Die von so großer Überheblichkeit bewegten Frauen richteten ihre Augen auf die Erde. Die Königin fuhr jedoch ohne Zögern zu reden fort: „Wisst ihr nicht, dass Tantalus mein Vater war, dem es erlaubt war, mit den Göttern zu tafeln? Ist nicht Jupiter selbst mein Onkel? Nehmt euch Zeit, um sorgfältig nachzudenken: Mir gehorchen die Völker Phrygiens, ich habe ungeheuren Reichtum. Außerdem werdet ihr durch Vergleichen leicht erkennen, dass ich so schön wie diese Göttin da bin. Nehmt nun noch die große Schar meiner Kinder hinzu! Latona hat nur zwei Kinder aufgezogen – dies ist der siebte Teil meiner Freude! Ich bin so glücklich und so mächtig, dass Fortuna keine Möglichkeit hat, mich zu verletzen. Auch wenn Fortuna die Absicht hätte, mir Kinder zu rauben, würde ich dennoch nie auf diese geringe Zahl von Kindern der Latona herabsinken. Deshalb hört mit den Opfern auf, ihr dummen Frauen, und geht nach Hause!" Nachdem sie diese Worte gehört hatten, verließen die Frauen die Altäre und den Tempel sofort. Aber die Göttin Latona, weil sie diese Schandtat von einem sehr hohen Berg zusammen mit Sohn Apoll und Tochter Diana gesehen hatte, sagte: „Ich kann nicht mehr ertragen, dass eine sterbliche Frau mich und euch mit Worten beleidigt. Gebt euch Mühe, dass ihr sie bestraft!" Apoll und Diana flogen schnell durch den Himmel und sahen vor den Toren Thebens die Söhne der Niobe beim Trainieren ihrer Körper. Apoll, erfahren im Schießen von Pfeilen, spannte den Bogen und tötete alle Jünglinge. Als diese Nachricht der Niobe überbracht worden war, eilte die Königin sofort zu den Körpern der getöteten Söhne. Weinend sagte sie: „Freu dich, grausame Latona, dass du mir sieben Söhne entrissen hast. Freu dich, weil du gesiegt hast!" Aber wenig später schrie sie: „Habe ich etwa gesagt, dass du gesiegt hast, Göttin? Du hast gewiss nicht gesiegt: Ich habe mehr Kinder als du." Kaum hatte die Königin diese Worte voller Frechheit gesagt, als Diana da war und die Töchter der Niobe mit schnellfliegenden Geschossen tötete – außer einer. Niobe ist von einem unerträglichen Schmerz befallen worden.

64 **Theseus und Prokrustes** Nicht weit von der Stadt Athen lebte damals Prokrustes. Es war ein grausamer Mensch, länger als ein hoher Baum. Dieser ließ keine Gelegenheit aus, Gäste durch eine böse List zu täuschen. Als einmal ein Fremder auf dem Weg nach Athen am Haus des Prokrustes vorbeilief, kam der schnell hinaus und sagte mit der freundlichsten Miene: „Sei gegrüßt, Gastfreund! Ich sehe, du Ärmster, dass du von der Reise erschöpft bist. Und sieh da! Schon ist der Abend da. Es ist sehr schwierig, in der Dunkelheit die Reise fortzusetzen. Jedoch ist es sehr leicht, die Reise auf den folgenden Tag zu verschieben. Tritt mit mir ins Haus ein! Wenn du willst, wirst du diese

Nacht hier bleiben. Wir haben genug an Speisen: Nachdem der Hunger vertrieben ist, wirst du schneller nach Athen kommen. Warum zögerst du?“ Wenn irgendeiner der Gäste das Haus betreten hatte, ist er zuerst mit einem großartigen Essen erfreut und dann zum Bett geführt worden. Prokrustes sprach immer folgende Worte: „Ich sehe, dass du länger bist als das Bett, Fremder. Aber ich werde dir helfen.“ Mit diesen Worten schnitt der Verbrecher dem ärmsten Gast die Füße ab. Wenn irgendein Gast kürzer als das Bett war, sind dessen Gliedmaßen von Prokrustes mit so großer Gewalt gestreckt worden, dass der elende Mensch zu Tode kam. Als Prokrustes den Theseus wahrnahm, versuchte er den jungen Mann auf dieselbe Weise zu täuschen. Tatsächlich betrat der Jüngling zusammen mit Prokrustes das Haus und aß dort. Nach dem Essen führte der frevelhafte Mann den Theseus zum Bett und sprach: „Ich sehe, dass du länger bist als das Bett, Fremder! Aber ich weiß, wie ich dich kürzer machen werde.“ Als der junge Mann das überaus scharfe Schwert des Prokrustes sah, tötete er den Verbrecher ohne Zögern. Die Nachbarn freuten sich, als sie vom Tod des Prokrustes hörten und dankten dem Theseus, weil er sich so stark gezeigt hatte.

65 **Phädra** Auch wenn Theseus und Phädra einige Jahre auf sehr glückliche Weise gelebt hatten, zeigte Phädra nicht die Treue einer guten Ehefrau. Sie war nämlich ziemlich heftig von der Liebe zu Hippolytos erfasst worden. Als Theseus einmal abwesend war, bemühte sich die von Liebe bewegte Phädra, den jungen Mann Hippolytos häufiger zu treffen. Auch wenn die Ehefrau wusste, dass sie ziemlich schändlich handelte, vertraute sie am meisten den Ratschlägen einer Freundin. Diese böse Frau stachelte nicht nur die Phädra zur Liebe zu Hippolytos an, sondern versuchte auch den Jüngling zu überreden, dass er den Vater Theseus verriet und ihn möglichst schnell aus dem Königreich verstieß. Der Sohn Hippolytos, erschreckt über diese Pläne, zog sich in das Heiligtum der Göttin Diana zurück, um dort auf den zurückkehrenden Vater zu warten. Nun begann Phädra zu fürchten, dass der zurückkehrende Theseus die schändlichen Pläne bemerkte. Aus Angst, schwer bestraft zu werden, beschloss Phädra, sich selbst zu töten. Aber weil die große Liebe in gewaltigen Hass umgeschlagen war, wünschte sie den Hippolytos auf die grausamste Weise zugrundezurichten. Deshalb schrieb sie vor ihrem Tod einen Brief an Theseus mit etwa folgenden Worten: „Phädra, deine gute Ehefrau, grüßt dich. Wenn du diesen Brief gefunden hast, werde ich tot sein. Erkenne beim Lesen das Verbrechen, das Hippolytos begangen hat. Du hast eine falsche Meinung von deinem Sohn: Der überaus schlechte Jüngling hat es nicht länger ertragen, ohne Macht zu sein. Deshalb hat er den Plan gefasst, dich entweder zu töten oder aus dem Königreich zu verstoßen. Er hat eine größere Schandtat hinzugefügt: Er wollte, dass ich seine Ehefrau sein solle. Als er aber erkannte, dass ich besser handeln und die Treue einer guten Ehefrau bewahren werde, zwang er mich, Selbstmord zu begehen. Leb wohl, bester Ehemann, und behalte mich im Gedächtnis! Hüte dich aber vor einem Sohn, der dich sehr hasst.“ Tatsächlich fand Theseus wenig später diesen Brief in der Hand der verstorbenen Ehefrau. Nach der Lektüre des Briefs ist er in so große Raserei versetzt worden, dass er den Gott Neptun bat: „Sorg dafür, dass der gottlose Sohn bald zu Tode kommt!“ Als Hippolytos sich dem Vater näherte, um die grausamen Pläne der Phädra zu enthüllen, glaubte Theseus nicht den Worten des Sohnes, sondern schickte diesen in die Verbannung. Schneller als Theseus geglaubt hatte, ist der Sohn getötet worden: Als Hipppolytos beim Verlassen der Heimat den Wagen über die Küste lenkte, erhob sich auf Veranlassung Neptuns ein gewaltiges Ungeheuer aus dem Meer. Erschreckt über dessen Anblick stürzten die Pferde und warfen den Hippolytos aus dem Wagen. Kurze Zeit später starb er, schwer verwundet. So verlor der unglückliche Theseus an einem Tage sowohl die Ehefrau als auch seinen Sohn.

66 **Jason raubt das Goldene Vlies** Medea verließ heimlich das Haus des Vaters, damit keiner ihre Liebe bemerkte. Nachdem sie die Wachen getäuscht hatte, kam sie nachts zum Schiff der Griechen. Dort sagte sie dem Jason: „Wenn du das Goldene Vlies besitzen willst, wirst du einen gewissen Wald aufsuchen müssen, wo ein Drache ein auf einem Baum befestigtes Tierfell bewacht. Es gibt welche, die sagen, dass der Drache unsterblich ist. Du wirst also eine Art große Gefahr auf dich nehmen. Aber verzweifle nicht! Ich werde dir gerne beistehen." Jason antwortete: „Höre, Medea: Ich bin nicht der Mann, der aus Angst vor Gefahren ausweicht. Wenn du mir hilfst, werde ich dich heiraten. Lass uns nun den Wald aufsuchen! Denn nachts wird es leichter sein, den Drachen zu bezwingen." Nachdem er diese Worte gesprochen hatte, stieg er vom oberen Platz des Schiffes in den Küstensand hinab. Wenig später betraten beide den dunklen Wald. Schon aus der Ferne sahen sie die glühenden Augen des Drachen. Mit einer Art unglaublicher Tapferkeit traten sie dem wilden Tier entgegen. Sieh da! Der Drache erhob sich zornentflammt und versuchte mit seinem gewaltigen Körper Jason und Medea in die Flucht zu schlagen. Aber Medea warf dem Drachen, als der seinen Angriff startete, eine vergiftete Speise entgegen, der diese ohne irgendein Zögern fraß. Wenig später gab sich das wilde Tier tiefem Schlaf hin. Da nahm Jason das Goldene Vlies, das am Baum befestigt war, herab. Nachdem beide glücklich zum Schiff zurückgekehrt waren, freuten sich die Gefährten Jasons heftig. Manche von ihnen sahen das Goldene Vlies immer wieder an. Jason rief mit lauter Stimme: „Hört, Gefährten! Ich danke dieser jungen Frau. Mit Unterstützung Medeas habe ich den Drachen unterworfen. Nach dem Raub des Vlieses ist es mir nun erlaubt, dem König Pelias nachzufolgen. Wenn die Götter es zulassen, dass wir in die Heimat gelangen, werde ich Medea heiraten. Wen gibt es, der das tadeln könnte? Lasst uns nun aber an die Heimat denken! Lasst uns möglichst schnell diese Bucht verlassen!" Obwohl König Aietes am nächsten Tag mit einer großen Flotte das Schiff des Jason verfolgte, entflohen die Griechen.

67 **Philemon und Baucis** Einmal verwandelten sich Jupiter und Merkur in sterbliche Menschen und stiegen vom Himmel auf die Erde hinab. Denn sie wollten unerkannt die Gastfreundschaft der Menschen testen. Viele Häuser hatten sie schon aufgesucht, in der Hoffnung, dass sie eine einfache Speise erhalten würden. Aber keiner der Sterblichen hörte die Bitten, die Tür keines Menschen stand offen. Jupiter sagte zornentflammt: „Ich fürchte, dass alle Menschen ein so hartherziges Gemüt haben. Ich habe keinen Grund, warum ich meinen sollte, dass es irgendwelche guten Menschen gibt. Aber sieh dies kleine Haus, Merkur! Lass uns näher herantreten und dort unser Glück versuchen! Kaum hatte der Gott mit der Hand die Tür berührt, als sie plötzlich offenstand. Der alte Mann Philemon trat hinaus und ermunterte mit freundlichem Gesichtsausdruck die beiden Fremden, einzutreten. Innen begrüßte die Ehefrau Baucis die Gäste, die mit einfacher Kleidung angetan waren: „Seid gegrüßt, Männer! Ihr scheint mir eine lange Reise gemacht zu haben. Ich glaube, dass ihr Ruhe braucht. Deshalb setzt euch und ruht aus!" Dann ging sie zum Feuer, um Essen zuzubereiten. Während die Frau mit ihrem Atem die Flammen entfachte, holte ihr Ehemann aus dem kleinen Garten Früchte herbei. Wenig später sagte Philemon lachend: „Gerne ge-

stehen wir, dass wir nicht reich sind. Aber wir werden euch heute die besten Speisen vorsetzen, liebe Gäste!" Die Götter betrachteten Philemon und Baucis lange Zeit. Mit größter Freude erkannten sie, dass diese alles, was sie besaßen, gerne mit den Gästen teilten, obwohl sie nicht reich waren. Nach dem Essen schenkte Philemon den Gästen Wein aus, den er selbst zubereitet hatte. Die Götter waren mit dem einfachen Mahl zufrieden, vor allem aber freuten sie sich über die freundlichen Mienen der beiden. Diese jedoch wussten nicht, dass sie ihr Essen für Götter zubereitet hatten. Aber sie wunderten sich, dass das Gefäß immer wieder voll von Wein war, obwohl sie schon viel getrunken hatten. Plötzlich spürten sie, dass Götter diese sonderbare Sache bewirkt hatten. Sofort baten sie mit zum Himmel ausgestreckten Händen demütig zu den Oberirdischen: „Verzeiht uns, unsterbliche Götter, dass wir euch eine so einfache Mahlzeit vorgesetzt haben." Nachdem sie diese Worte gesagt hatten, eilte Philemon durch die Tür, um eine Gans zu fangen, zu töten und zum Essen zu bereiten. Aber obwohl sich der alte Mann bemühte, das schnelle Tier zu ergreifen, konnte er es nicht fangen. Die Gans war nämlich zu den Göttern geflohen. Jupiter sagte lachend: „Diejenigen, die demütig bittend zu den Göttern kommen, werden niemals vergeblich bitten. In der Tat sind wir Götter. Wir sind zur Erde hinabgestiegen, um die Tugend der Menschen kennenzulernen. Aber außer euch scheinen alle Sterblichen ein hartherziges Gemüt zu haben. Wenn diese eure Frömmigkeit nachgeahmt hätten, wären sie einer Strafe nicht würdig. Wir werden euch bewahren, aber es gehört sich, dass diese da schwer bestraft werden. Verlasst schnell dieses Haus, damit ihr gerettet werdet!" Kurze Zeit darauf hielten sich Philemon und Baucis in den Bergen auf und sahen von diesem höhergelegenen Ort aus, dass das gesamte Gebiet unter Wasser verborgen war. Außerdem sahen sie, wie ihr kleines Haus in einen goldenen Tempel verwandelt wurde.

68 **a) Pygmalion** Auf dieser Insel lebte einst ein berühmter Künstler, der Pygmalion genannt wurde. Dieser lebte ohne Ehefrau; er klagte nämlich über sehr viele Fehler von Frauen: Die eine leistete nicht die Treue, wie er meinte, die Habgier einer anderen wollte er nicht ertragen, wieder eine andere schien ihm nicht genügend schön. Einmal hatte Pygmalion das Standbild einer jungen Frau gefertigt, das schöner war als alle lebenden Frauen. Alle Menschen, die diese Statue sahen, glaubten, dass es eine lebendige junge Frau sei. Der Künstler selbst ist von so großer Liebe zu seiner Statue entflammt worden, dass er diese nicht nur immer wieder berührte, sondern auch mit dieser sprach. Er gab ihr sogar Küsse, brachte jener Geschenke, die eines Mädchens würdig waren und schmückte ihren schönen Körper mit einem bunten Kleid. Nachts legte er das Standbild in das Bett, so als ob jenes schlafen könnte. Es war der Festtag für Venus, an dem alle Einwohner der Insel zusammenkamen, um die Göttin zu verehren. Auch Pygmalion brach bei Tagesanbruch zum Heiligtum der Venus auf. Dort stellte er sich an den Altar und indem er die Hände zum Abbild der Göttin ausstreckte, bat er: „Wenn du alles zu gewähren vermagst, Göttliche, wünsche ich, dass ich eine Ehefrau habe, die meiner Statue überaus ähnlich ist! Vergiss nicht deinen frommen Diener, Göttin! Oft nämlich habe ich deine Hilfe schon erfahren. Ich verspreche, dass ich dich immer verehren werde." Nach dem Aussprechen der Bitten kehrte er mit großer Schnelligkeit nach Hause zurück. Kaum hatte er der Statue Küsse gegeben und deren Körper mit den Händen berührt, als jene die Augen zu rollen und die Gliedmaßen zu bewegen begann. Pygmalion ist zuerst über diese wundersame Sache erschreckt worden, dann trat er an sie heran: „Kannst du auch die menschliche Sprache gebrauchen?“ Wenig später hat er erfahren, dass sie auch sprechen konnte. Hierauf fragte der Künstler sie wiederum: „Kannst du laufen und mir folgen? Gebrauche deine Füße, bitte!“ Tatsächlich folgte jene dem Mann. Nun schien Pygmalion der glücklichste Mann des gesamten Erdkreises zu sein. Aber er hat noch größeres Glück erfahren. Venus nämlich erlaubte ihm, die durch seine Kunst erschaffene junge Frau zu heiraten. Nach kurzer Zeit war die Tochter Paphos geboren.

68 **b) Herkules und die Schlangen** Juno zürnte dem Jupiter heftig. Mit diesen Worten beklagte sie die Schandtat des Ehemannes bei sich: „Wiederum bin ich von meinem Gatten getäuscht worden. Wiederum hat Jupiter sich eine andere Frau ausgewählt – aus Angst, dass eine günstige Gelegenheit ausgelassen würde. Wäre es mir doch erlaubt, ihn selbst zu bestrafen! Aber niemand darf den höchsten Gott bestrafen. Dennoch weiß ich, wie ich ihn verletzen werde: Ich werde den kleinen Jungen zugrunderichten, den Alkmene meinem schlimmen Ehemann geboren hat. Deswegen werde ich zwei Schlangen schicken, die den im Schlafzimmer liegenden Jungen töten werden. Als der Junge Herkules schlief, waren plötzlich die von Juno geschickten Schlangen da. Weder die Wächter noch die Dienerinnen hatten die wilden Tiere bemerkt. Nicht einmal die in der Nähe sitzende Mutter hatte die zischenden Schlangen gehört. Näher und näher kamen sie heran und krochen die Wiege hinauf. Als sie den schlafenden Jungen sahen, hoben sie ihre Köpfe und bewegten ihre Zungen blitzschnell hin und her. Dann begannen sie mit ihren langgestreckten Leibern den Hals des armen Jungen zu umgeben. Der kleine Junge befand sich ohne Wissen seiner Mutter in höchster Gefahr. Aber der aus dem Schlaf erwachte Herkules schrie nicht nur nicht mit lauter Stimme, sondern packte auch mit seinen kleinen Händen die wilden Tiere. Dann drückte er ihre Hälse mit so großer Kraft, dass die Schlangen sofort starben. Die Dienerinnen, aufgescheucht durch das Geschrei des Jungen, betraten das Schlafzimmer, die erschrockene Mutter stürzte zur Wiege und den schnell eintretenden Wachen folgte der König selbst. Dieser, in der Meinung, Feinde seien eingedrungen, war begierig, diese anzugreifen – aber er sah nur den kleinen Herkules. Alle wurden damals von dem sonderbaren Anblick bewegt: Der kleine Junge lachte und erblickte fröhlich die um ihn herumstehenden Menschen, die Schlangen lagen tot auf der Erde. Weil er sich über die ungeheure Kraft des kleinen Herkules wunderte, holte der König einen weisen alten Mann herbei, um mit dessen Hilfe die Zukunft in Erfahrung zu bringen. Der Greis behauptete, dass Herkules als junger Mann aus dem Hause der Eltern gehen, viele wilde Tiere töten und nach seinem Tod ein ewiges Leben in der Schar der Götter führen werde. Es ist bekannt, dass alles auf diese Weise geschehen ist, wie es der weise alte Mann gesagt hatte.

69 **Herkules am Scheideweg** Einmal rief der Jüngling Herkules seine Gefährten zusammen. Er sagte ungefähr Folgendes: „Hört, Freunde! Lange Zeit lebte ich bei euch, viel Zeit verbrachte ich bei harten Arbeiten. Es geschah aber, dass ich mit diesem Leben nicht mehr zufrieden war. Deshalb ist die Zeit gekommen, nachzudenken, welches Leben in der Zukunft ich führen will. Auch wenn es mir nicht leicht fällt, muss ich euch verlassen. Lebt wohl!“ Nachdem er von den Freunden weggegangen war, unternahm er eine Reise von vielen Tagen. Vom Marsch erschöpft, setzte er sich auf einen Felsblock und dachte über die Zukunft nach. Plötzlich sah er zwei Frauen hinzukommen. Die eine war mit einem einfachen Kleid angezogen, die andere trug ein buntes Kleid

und goldene Schmuckstücke am Hals. Diese begann mit großem Stolz zu sprechen: „Ich vermute, dass du nicht weißt, welchen Lebensweg du einschlagen sollst. Wenn du mich als Gefährtin und Anführerin auswählst, stelle ich dir das angenehmste und schönste Leben vor Augen. Nicht mehr wirst du von Sorgen bedrückt, nichts Schlimmes wird sich für dich ereignen, alles Unglück wird weichen. Glaub mir: Du wirst weder Not noch eine schlechte Gesundheit haben, im Gegenteil wirst du im Vertrauen auf deine Kräfte in ewigwährendem Vergnügen leben. Du wirst gut essen, viel trinken und gesund sein. Es wird leicht geschehen, dass du ein glückliches Leben ohne Arbeit erreichst." Nachdem sie diese Rede gehalten hatte, fragte der junge Mann diese, welchen Namen sie hätte. Jene antwortete: „Diejenigen, die mich lieben, nennen mich ‚Vergnügen'. Aber meist geschieht es, dass ich ‚das Laster' genannt werde." Da begann die andere Frau mit freundlicher Stimme: „Ich weiß genau, Herkules, dass du von adliger Abstammung bist. Deswegen meine ich, dass du meinem Weg folgen wirst. Ich verspreche dir keine leeren Dinge: Ich stelle dir weder Vergnügen noch Wohlleben vor Augen. Die Menschen müssen wissen, dass nichts Gutes ohne große Arbeit entstehen kann. Die, die von den Göttern geliebt werden wollen, werden den Ruhm durch Pflichtgefühl und Arbeit erreichen. Die, die wahre Freunde haben wollen, müssen den Freunden von Nutzen sein. Die, die sich irgendeine Ehre wünschen, müssen sich politisch betätigen. Die, die einen starken Körper nutzen wollen, müssen den Körper durch Trainieren kräftigen. Im Übrigen, wenn du meinen Namen hören willst, ich werde ‚Tugend' genannt. Dann fügte sie folgende Worte hinzu: „Siehst du dort den engen und schwierigen Weg? Wenn du mich als Anführerin auswählst, wirst du auf diesem Weg aufsteigen." Die andere Frau lachte mit lauter Stimme auf: „Welchen Plan also wirst du fassen, Herkules? Wenn du sorgfältig diesen langen und schroffen Weg mit diesem meinem kurzen und angenehmen Weg vergleichst, wird es für dich nicht schwer sein, zu entscheiden. Ich glaube nämlich, dass du einen so großen Verstand hast." Da sagte die Tugend: „Gestehe, Voluptas, dass du von den Göttern verstoßen worden bist und von ehrbaren Menschen nicht beachtet wirst: Nie nämlich hast du den Menschen eine Wohltat erwiesen. Ich aber stehe bei den Unsterblichen und bei den Menschen in Ehre: Denn ohne mich gibt es keine Freundschaft. Wenn du beschließt, mir zu folgen, Herkules, wirst du sicher Arbeiten und Mühen auf dich nehmen müssen, schließlich aber wird dich wahre Freude erwarten." Wenig später waren beide Frauen weggegangen. Herkules beschloss ohne Zögern, unter Führung der Tugend sein Leben zu führen.